DON BOSCO
VERLAG

Dieter Stork (Text)
Reinhard Horn (Musik)

Feuer – Erde – Wasser – Luft

Umwelt erleben in Kindergarten und Grundschule

Don Bosco Verlag

Die Deutsche Bibliothek – CIP-Einheitsaufnahme

Stork, Dieter :
Feuer - Erde - Wasser - Luft :
Umwelt erleben in Kindergarten und Grundschule /
Dieter Stork (Text) ; Reinhard Horn (Musik). -
München : Don-Bosco-Verl., 1993
ISBN 3-7698-0695-6
NE: Horn, Reinhard [Komp.]

e verlags gruppe engagement

1. Auflage 1993 / ISBN 3-7698-0695-6

Zeichnungen: Felix Weinold, Schwabmünchen
Satz und Druck: Salesianer Druck, Ensdorf
Bindearbeiten: Buchdruckerei Gebr. Bremberger, München

INHALT

WASSER

ERDE

WIND

MIT VEREINTEN KRÄFTEN

LIEDER-KANON

VORWORT

Feuer, Erde, Wasser, Luft - das war zunächst nur eine Idee. Aber plötzlich wurden aus dieser einen Idee gleich Hunderte von Ideen zu diesem großen Themenkreis.

Das Thema umzusetzen in Lieder, Geschichten, Sinnsprüche und – vor allen Dingen – in kreative Gestaltungsprozesse, die sich alle zu diesem einen Thema 'Feuer-Erde-Wasser-Luft' verweben, ließ mich immer neue, weitere Zusammenhänge entdecken, bis hin zu Gottesdiensten mit gestalterischen Elementen.

Wichtig war mir die biblische Verknüpfung, die in den beabsichtigten ganzheitlichen Entwicklungsprozessen oft handgreiflich sichtbar wird.

Daß den vier Kapiteln zu den Elementen je ein Kapitel 'Wir vier zusammen' und 'Mit vereinten Kräften' vor- und nachgeordnet ist, hat seine Gründe: Biblische Erfahrungen und Beziehungen werden eher aus dem Zusammenspiel der Elemente, aus ihrer gemeinsamen Geschichte spürbar als aus der Symboldidaktik eines einzigen Elements. Ist doch Gottes Weg zum Menschen auch nicht ein lebloses Bild, sondern eben ein Weg, ein Prozeß, eine Entwicklung.

Daß die Elemente sich gerade aus der Beziehungsebene deutlich zu religiösen Bildern und Symbolerfahrungen weiterentwickeln, liegt auf der Hand. Wasser und Taufe, Feuer und Geist, Wind und Erweckung, Erde und Reich Gottes haben miteinander zu tun, beziehen sich aufeinander, sind wie zwei Seiten einer Medaille.

Dabei geht's nicht um Religion um jeden Preis, sondern um diese Ebene, die bei Kindern deutlich da ist und die wir Erwachsenen gern für uns wiederentdecken dürfen: Hinter den Dingen und Erfahrungen verbergen sich tiefere Schichten, bisher wenig beachtete Aussagen, Symbolwerte, die uns von unseren Bedürfnissen zu unserem Bedarf, zum wirklichen Leben bringen.

So sind einfache Spiele entstanden, Gestaltungsvorgänge mit, zu und aus den Elementen, die bei Kindern im Kindergarten, in der Grundschule und in der Erprobungsstufe gern eingesetzt und miteinander verknüpft werden dürfen. Erzieherinnen und Pädagoginnen und Pädagogen haben mitgedacht und Bausteine entwikkelt. Dorle Auhagen, Wolfgang Balz, Ellen Pfennig, Edith Pohl und Ruth Quest sage ich Dank für Begleitung, Beratung und Mitarbeit.

Besondere Freude hat die Zusammenarbeit mit Reinhard Horn gemacht, dessen hübsche, lustige und auch nachdenkliche Melodien mich zu weiteren Einfällen inspirierten. Aus unseren Gesprächen ist manche Idee gewachsen, verändert und weiterentwickelt worden. Zu den insgesamt 29 Liedern dieses Buches ist auch eine Toncassette erschienen.

Wie man mit dem Buch arbeiten sollte, wird vor allem am Ende des Buches mitgeteilt. Viele *Querverweise,* ein *Methodenfahrplan, Arbeitshinweise* und die Übersicht *Werkmethode & Element* sind Hilfen, schnell und zügig mit den einzelnen Bausteinen und ihren Einsatz- und Entwicklungsmöglichkeiten zurechtzukommen.

Dieter Stork

Wir 4 zusammen

1 EIN VIER-ELEMENTE-ELEMENT

Eine Bastel- und Spielidee

1. Prozeß

Die Gruppe überlegt, wie sie die vier Elemente aus Materialien, die sie selbst in der Natur findet, gestalten könnte. Gruppenraum einbeziehen oder Elemente-Landschaft noch besser draußen aufbauen!

2. Material

Möglichst wenig technische Hilfsmittel benutzen, evtl. Pappmaché, Folie, Pinsel, Farbe, Kleber? Vor allem

- Ton, Erde, Sand, Steine, Zweige, Holz
- Wasser
- Feuer (Feuerzeug, Streichhölzer, Kerze?)
- Blasebalg, Fön

3. Zielgedanke

Die Kinder sammeln selbst Ideen, was sie darstellen möchten:

- Erde, Gebirge, Felsen, Acker, Wald
- Feuer, Feuerstelle, Kraftwerk
- Meer, Fluß, Bach, Brunnen, Wolken, Wassermühle, Turbine
- Windrad, Segelschiff

4. Verknüpfung

Wie wirken die vier Elemente zusammen?
Spielen und reden –
reden und spielen!

2 SAGT DAS FEUER ZUM WASSER

Ein Sprechtext

Sagt das Feuer zum Wasser: „Du, mach mich nicht naß, – sonst krieg ich, das Feuer, einen heißen Haß!"
Meint das Wasser zum Feuer: „Statt dummem Kampf – tun wir uns zusammen – machen Wasserdampf."

Aus dem Dampf werden Wolken, geben Regen ab. – „Regne," sagt die Erde, „sonst mach ich bald schlapp!"
„Halt!" ruft nun das Wasser, „Erde, bau 'nen Damm! – Sonst bring ich zum Acker zuviel Schlick und Schlamm."

„Wind!" ruft die Erde, „Wind, ich brauche dich! Ich bin naß und glitschig. Komm und trockne mich!"
„Ich," so stürmt der Wind nun, „blas mal laut, mal sacht, – mal bin ich ein Windhauch, mal ein Sturm, der kracht!"
Feuer, Wasser, Erde und die reine Luft,
alle, alle kommen, wenn der Schöpfer ruft.

3 AUS ALLEN VIER HIMMELSRICHTUNGEN

Spielideen zum Sprechtext

A) Fühlkino

Die vier Ecken eines Raumes werden mit je einem Element bestückt. Freiwillige lassen sich mit verbundenen Augen durch den Raum führen. Wir brauchen Ruhe und Zeit. Bitte einzeln führen. Im Anschluß an die Fühlrunden sammeln wir unsere Eindrücke in der Großgruppe.

B) Entwicklung eines Textes in der Gruppe

Ein Vier-Ecken-Spiel

1. Prozeß
Die Gruppe teilt sich auf. Die Kinder stehen in den vier Ecken des Raumes: Aus allen vier Himmelsrichtungen kommen die vier Symbole zusammen!

2. Material, Methode
Verkleidung: Feuer, Wasser, Erde, Luft sind durch Farben, Bänder, Umhänge u. a. Symbole gekennzeichnet. Wie sieht ein Wind, wie eine Sonne aus? Die erzählenden Partien werden von den vier Sprechgruppen gemeinsam gesprochen. Vier Einzelsprecher werden für die Rollen der vier Elemente benötigt. Erzählpantomime.

3. Zielgedanke
Den Kindern soll der Gedanke des Zusammenwirkens der vier Elemente bewußt werden. Über Material- und Spielprozesse wird der Sprechtext aufgeschlüsselt.

4. Verknüpfung
Weiterführende Möglichkeiten werden später entwickelt: 10, 18, 129. Wichtig: von Anfang an die Kreativität der Kinder herausfordern! Wichtiger als eine Verkleidung ist, daß die Kinder
– sich einem Element ihrer Wahl selbst zuordnen können,
– eigene Ideen entwickeln dürfen, wie sie sich ihr Element im Dialog mit einem anderen vorstellen,

– sich in selbsterfundenen Dialogen einander zuwenden, ein Element dem anderen, und so zu kleinen Szenen kommen.

Anschließend ein Rundgespräch in der großen Gruppe:

Du hast dieses Element gewählt. Gibt's dafür Gründe? Möchtest du sie nennen? Und wie habt ihr euch beim Spielen gefühlt?
Möchtet ihr erzählen?

4

IHR ELEMENTE DENKT

Ein Lied aus der Bibel

Ihr Elemente,
Feuer, Erde, Wasser, Luft,
denkt ihr, ihr wäret Gott gleich? –
Da irrt ihr euch gewaltig!

Gott ist Schöpfer und Herr aller Dinge.
Darum lobt ihn, ihr Menschen
und alle Mächte des Weltalls.

Seine Stimme tönt aus dem Tosen des Wassers.
Wenn Winde sausen und Donner rollt, redet er.
Die weither rauschenden Fluten singen sein Wort.

Seine Stimme kann niemand überhören.
Manchmal jagt sie Schrecken ein.

Wenn Gott aufsteht,
entwurzelt er älteste Bäume
und knickt junge Tannen um.

Wenn er fest auftritt,
hüpft die Erde hin und her wie ein junges Kalb,
und das Gebirge erzittert und bebt.

Wenn Feuer losbricht und knistert und brüllt,
wenn Wind hineinbläst und die Flammen entfacht, –
immer ist es Gottes Stimme, die wir hören.

Alle wissen es:
„Er ist ein großer, starker, wunderbarer Gott!"

Er thront über allem, herrscht über alles.
Seinem Volk gibt er Kraft, überschüttet es mit Segen!

nach Psalm 29,1-11

5

ICH BAU MIR EINE HÖHLE

Ein Spiellied

2. Jetzt machen wir ein Feuer,
knisterknasterloh!
Wir sitzen in der Runde
und braten einen Floh.
Jetzt wird der Floh gegessen! –
Hm, hm, hm, der schmeckt!
Wir haben uns zehn Finger
schmitz-schmatz abgeleckt!

3. Wir kuscheln aneinander
und machen es uns warm.
Wir nehmen freundlich-zärtlich
uns beide in den Arm.
Das Feuer brennt nun nieder.
Ein Flüster-Wisper-Wind,
der flüstert in der Asche,
der Wind, das Himmelskind!

4. Wir braten vier Kartoffeln
jetzt in der heißen Glut.
Wir kochen einen Pudding, –
der tut uns allen gut!
Und was wir hier erleben
in unserm Flüsterreich,
das macht uns zu Geschwistern,
so glücklich, fröhlich, reich!

5. Du lieber Gott, wir danken
für Ruhe in der Nacht.
Wir danken für die Sonne,
die uns das Licht gebracht.
Wir danken für den Himmel,
der weiße Wolken schreibt.
Wir danken für die Erde,
die grünt, sich dreht und bleibt!

6 SPIELIDEEN zum Lied

A) Ein Darstellungslied im großen Kreis

1. Vers: Alle gehen im Kreis! Zwei Kinder bilden eine Brücke, die anderen gehen hindurch. Brücke hinter Brücke. Zum Schluß des Verses entdecken sich die Paare und umarmen sich.

2. Vers: Alle hocken im großen Kreis nieder, eng beieinander. In der Mitte brennt – symbolisch! – ein Feuer. Alle schauen hinein. Jeder sucht nun bei seinem Nachbarn rechts oder links einen Floh, findet ihn, hält ihn mit zwei spitzen Fingern hoch und verzehrt ihn! Finger ablecken und schmatzen!

3. Vers: Alle rücken noch enger zusammen, legen die Arme auf die Schultern der Nachbarn. Stille. Horchen auf den Wind. Wir wispern, falls wir das Lied selbst singen (und nicht eine Kassette hören) den Vers ganz leise. So ahmen wir den Wind nach.

4. Vers: Alle bleiben in der Hocke sitzen. Kartoffeln, die wir vom Boden aufsuchten, werden ins Feuer geworfen. Wir kochen den Pudding und rühren dazu im Topf. Wir probieren den Pudding: der schmeckt gut! Dann werden die Hände nach oben hin zur Mitte des Kreises gehoben. Die Fingerspitzen treffen und berühren sich. Wir fassen die Hand des Nachbarn!

5. Vers: Mit erhobenen Händen, sich zunächst noch an den Händen haltend, im Kreise gehen.
Wir danken für die Sonne: Hände öffnen sich, nach oben gestreckt!
...die weiße Wolken schreibt: mit den Händen eine Wolke bilden!
Wir danken für die Erde: in die Hände klatschen, sich drehen, wieder an den Händen fassen, weitergehen.

B) Eine Laubhöhle bauen

1. Einstimmung
Ihr könnt eine Höhle entdecken, z.B. im Dickicht eines Fichtenwaldes, in sie hineinkriechen, auf unbebautem Grundstück eine Erdhöhle bauen oder eine Höhle aus Holz und Latten herrichten, notfalls aus Tischen, Stühlen und Decken im Raum!

2. Prozeß
Wenn ihr ein Gartengrundstück zur Verfügung habt, stellt Bohnenstangen zu einem Wigwam zusammen. Im Frühjahr pflanzt ihr Feuerbohnen, immer sechs um eine Stange herum. Die Bohnen wachsen schnell, verdichten sich zu einer Laubhöhle. Ihr könnt euch den Sommer über darin verstecken und spielen.

3. Zielvorstellung
Sich in der Natur wie in einer Höhle bergen!

4. Verknüpfung
Wir können erleben, wie die Natur uns schützt und bedeckt – und uns doch den Himmel sehen läßt! Wir feiern ein Laubhöhlen-, ein Laubhüttenfest!

7 DAS STILLE SANFTE SAUSEN

Eine Geschichte aus der Bibel

Elia hatte für Gott etwas Gutes tun wollen – und dafür gesorgt, daß 300 Baalspriester umgebracht wurden. Nun merkte er, wie schlimm das alles war. Er floh einen ganzen Tag lang nach Süden in die Wüste, setzte sich unter einen Wacholderbusch und wollte sterben. Er sagte: „Es ist genug! Gott, nimm mein Leben von mir! Es hat alles keinen Sinn mehr. Ich bin nicht besser als meine Vorfahren.“ Elia schlief ein.

Da rührte ihn ein Engel an. Der sagte zu ihm: „Steh auf und iß! Du hast noch einen langen Weg vor dir.“ Als Elia aufblickte, waren dort ein Röstbrot und ein Krug mit Wasser. Er aß und trank und schlief wieder ein. – Noch einmal wurde Elia geweckt, und wieder standen Brot und Wasser für ihn bereit.

Elia aß und trank und wanderte vierzig Tage und Nächte, bis er zum Gottesberg Horeb kam. Er fand dort eine Höhle und blieb dort über Nacht.

Da redete Gott zu Elia: „Was tust du hier, Elia?“
Elia antwortete: „Ich habe für meinen Gott Jahwe gestritten, den Gott, der Kriege führt und sich mit Macht durchsetzt. Das Volk Israel hat deinen Bund verlassen, deine Altäre zerbrochen und deine Propheten umgebracht. Ich bin allein übriggeblieben, und auch mich wollen sie töten!“
Da kam ein großer starker Wind auf, der Berge zerriß und Felsen zerbrach. Der Wind ging vor Gott her. Gott war nicht im Wind. Nach dem Wind kam ein Erdbeben. Aber Gott war nicht im Erdbeben.
Nach dem Erdbeben kam ein Feuer. Aber Gott war nicht im Feuer.
Nach dem Feuer kam ein stilles, sanftes Sausen. Da verhüllte Elia sein Angesicht mit seinem Mantel und ging hinaus und trat in den Eingang der Höhle.

Da redete Gott mit Elia und schickte ihn zu seinem Volk mit neuen, wichtigen Aufträgen zurück.

nach 1 Könige 19,4-14

8 GESTALTUNGEN

A) Erzählen und Gestalten

Aufschlüsselung des Textes: Wo liegt die Spitze dieser Geschichte, der Haupthandlungsstrang? Bleib nahe an der Geschichte! Widerstehe der Versuchung, auszuschmücken, zu dramatisieren! Bleib eng am Text! Wo es nötig ist, interpretiere und übersetze – die eigentliche Leistung einer gestaltenden Nacherzählung! Gliedere! Welche Personen wirken mit? Wie bauen sich die Szenen auf? Wie stellen sich die Dialoge?
Unterstreiche, was du erzählst, durch eine Bewegung mit den Händen, drücke es durch Körperhaltung und Gesichtsausdruck aus!

B) Zugänge zum Text

Verschiedene Texte erzählen von Gott: 2, 4, 5, 7 !
Beschreibe, wie Gott in den verschiedenen Texten dargestellt wird! Achte auf das Verhältnis, in dem Gott zu den Elementen in den verschiedenen Texten steht! Hast du bemerkt, daß in Psalm 29 anders als in 1 Könige 19 von Gott erzählt wird?
Welcher Text ist dir der liebste? Findest du viel davon im Elia-Text wieder, wie du dir Gott vorstellst? Kannst du erzählen, wann du dich vor Gott fürchtest, wann du ihm vertraust?
Zum Erzählen der Geschichte siehe auch 122 !
Dort werden ebenfalls Anregungen zur Erzähltechnik, zu einem visualisierten Erzählen gegeben.

9

FEUER, WASSER, ERDE, LUFT

Ein Vier-Elemente-Lied

2. Wasser, Wasser, regne aus
aus dem hohen Himmelshaus!
Mach die Erde naß und satt,
daß sie was zu trinken hat,
daß die Erde grünt und blüht –
und der Vogel singt sein Lied!
Wasser, Wasser, regne aus
aus dem hohen Himmelshaus!

3. Erde, Erde, grüner Schein,
mach dich fruchtbar, lad uns ein!
Frühjahr, bring die Knospen raus!
Wachsen wird's im Sommerhaus.
Ernte bringt der Herbst herein.
Winter lädt zum Ruhen ein.
Erde, Erde, grüner Schein,
mach dich fruchtbar, lad uns ein!

4. Winde, Winde, weht weit her,
weht weit über Land und Meer!
Schieb die Wolken, guter Wind,
manchmal sanft und mal geschwind!
Bring uns Regen, Sonnenschein,
lad zum Drachenfliegen ein!
Winde, Winde, weht weit her,
weht weit über Land und Meer!

10 SPIELIDEEN zum Lied

A) Ein Kreislied

Alle versammeln sich in der Mitte eines großen, leeren Raumes. Kreisbildung. Für jedes Element gibt's ein pantomimisches Symbol:

1. Vers: Feuer – die Hände nach oben recken, nach dem Licht der Sonne sich ausstrecken.
2. Vers: Wasser – Hände machen Wellenbewegungen.
3. Vers: Erde – Hände formen die Erdkugel nach.
4. Vers: Luft – Hände fegen und streichen durch die Luft.

Diese Symbole werden während des Refrains geformt. In den Versteilen sucht jeder die Hand des Nachbarn. Kreisbildung – Kreisgehen, Wechsel der Richtung von Vers zu Vers.

B) Ein weiteres Vier-Ecken-Spiel

In den vier Ecken des Raumes werden Symbole für Feuer, Wasser, Erde, Luft gemalt, gelegt oder gestellt. Die Kinder stellen sich in die Raumecke des Elementes, zu dem sie sich besonders hingezogen fühlen. Grundschulkinder können u. U. ihre Gedanken dazu mit Filzstiften oder Wachsmalkreide auf eine große Wandzeitung schreiben. Auf jeden Fall gibt's nachher ein großes Rundgespräch. Warum habe ich mich in diese Ecke gestellt, was dort entwickelt, zusammen mit anderen?
Siehe auch 3, 18, 129!

C) Mit Dias arbeiten

1. Prozeß

Eltern animieren (und selbst dabei das Fotografieren lernen), Dias zu den vier Elementen zu machen! Gerade dieses Thema lädt zum Schauen und Erleben – und so auch zum Fotografieren ein!

2. Methode

Es wird ein Wunsch unter den Eltern ausgestreut: „Wir machen Dias zusammen mit unseren Kindern zu den vier Elementen!" Die Gruppe wählt aus und stellt die Dia-Meditation zusammen. Dias, Texte und das Vier-Elemente-Lied werden zu einer Liturgie ausgebaut. Vor bzw. zwischen den Versen des Liedes werden die Element-Bilder gezeigt, die aus der Gruppe heraus mit Texten ausgestaltet wurden. In dieser Meditation kann auch berichtet werden, wie die Bilder entstanden sind. Deutlicher aber sollen Erfahrungen mit dem jeweiligen Element im Dia festgehalten und sparsam mit Worten gedeutet werden. Ein besonders schönes Foto bleibt während des jeweiligen Element-Verses stehen.

3. Zielgedanke

Keine Wettbewerbssituation („Mein Vati hat aber das schönste Bild gemacht!"), vielmehr die Kinder mit ihren Eltern über das Fotografieren zur Wahrnehmung der Elemente und zur Freude an ihnen führen!

4. Verknüpfung

Diese Methode eignet sich auch, wenn es um nur ein Element geht. Fotos von den Dias im Gruppenraum aufhängen, mit den Meditationstexten der Kinder.

Zur Arbeit mit Dias siehe auch:
113 B, 125 D, 129 E!

11

ZWISCHEN NORDPOL UND DEM SÜDPOL

Ein Spiellied

2. Das macht die gute Sonne!
Mal geht sie früh schon auf,
mal will sie sich verstecken
auf ihrem langen Lauf.
Mal wird es sehr schnell Winter.
Mal kommt die Sommerzeit,
und Herbst und Frühling sagen:
„Wir wechseln nun das Kleid!"

3. Im Sommer wachsen Früchte
und Korn und Reis und Mais.
Im Winter frieren Blumen
am Fenster, zart aus Eis.
Wo heiß mit ihrem Feuer
uns die Frau Sonne lacht,
da hat sie unsre Erde
so freundlich warm gemacht!

12 SPIELIDEEN zum Lied

A) Ein Pantomimen-Lied im Kreis

Wir stellen das Lied am eigenen Körper dar. Während wir singen, ahmen wir verschiedene Gefühle und Erfahrungen nach.

Zeile

1. Vers

1–3 Mit gestreckten Armen die Pole zeigen.

4 Handfassung, zu großem Kreis auseinanderziehen: Wir umfassen den Erdball.

5–6 Wir schlagen die Hände frierend um den Oberkörper und reiben sie vor Kälte.

7–8 Wir werden matt und müde.

2. Vers

1–2 Wir winken der aufgehenden Sonne zu.

3–4 Wir halten unsere Hand über die Augen und schauen nach der Sonne aus.

5 Wir schlagen die Arme frierend um den Körper.

6 Wir liegen in der Sonne, strecken und räkeln uns.

7–8 Wir ziehen uns um.

3. Vers

1 Blumen mit locker gespreizten Fingern andeuten.

2 Das Getreide wächst, unsere Arme sind Halme, unsere Finger Ähren.

3–4 Wie 1, aber nun ist alles starr und gestreckt.

5–8 Mit den Händen ein großes Sonnenrund bilden.

B) Eine Wandzeitung gestalten

1. Prozeß

Ideen, Geschichten und Bilder werden zu einer 'Zeitung' zusammengefügt. Die Kinder entdekken 'ganz neue Seiten' am Text. Gruppenarbeit.

2. Material, Methode

Tapetenbahnen oder Packpapierrollen. Kleber, alte Illustrierte, Kohlestifte, Filzer, evtl. Plakafarbe und Pinsel.

Große, freie Wandflächen, an denen wir die Wandzeitung mit Tesakrepp befestigen.

3. Zielgedanke

Die Schöpfung ist reich, vielfältig, raffiniert! Und doch können wir uns auf ihren Rhythmus verlassen!

4. Verknüpfung

Auf der Wandzeitung Platz für 'Leserbriefe' lassen! Auf jeden Fall muß die Wandzeitung, die ja in Kleingruppenarbeit entstanden ist, im Plenum vorgestellt, besprochen und weiter bearbeitet werden. Die Kombination von 15 A und 15 B ist möglich und sinnvoll.

13 GOTT GIBT UNS MENSCHEN EIN VERSPRECHEN

Ein Bibeltext

Solange die Erde steht,
sollen nicht aufhören
Saat und Ernte,
Frost und Hitze,
Sommer und Winter,
Tag und Nacht!

Genesis 8, 22

14

SOLANGE DIE SONNE STEHT

Ein Kanon zum Bibeltext

15 MALEN – und mehr!

A) Der Regenbogen – eine Malaktion

1. Prozeß

Malt einen Regenbogen auf Packpapier oder Stoff!

Unter ihm lebt die ganze Natur, aber auch Zivilisation und Technik sind auf der Erde zu finden. Es gibt häßliche und gute Dinge und Entwicklungen. Was und wie werdet ihr malen?

Je größer der Malbogen, umso leichter fallen euch Einteilen und Malen. Es können auch zwei bis vier Kinder gemeinsam ein großes Bild malen.

2. Material

Ihr braucht dazu

- eine große Nesselbahn oder einen großen Bogen Packpapier
- Plakafarben oder Dispersionsfarben
- Pinsel und ein feuchtes Tuch zum Abwischen
- eine große Baufolie zum Unterlegen
- einen Eimer mit Wasser und kleine Farbtöpfe
- Schürzen oder alte Kittel.

3. Zielgedanke

Gott setzte einen Regenbogen in die Wolken, ein Zeichen, daß er uns Menschen und dieser Erde treu bleiben will. Der Regenbogen ist auch ein Zeichen, daß wir die Schöpfung bewahren und Frieden und Gerechtigkeit auf der Erde schaffen müssen.

4. Verknüpfung

Malt die Dinge unter den Bogen, von denen ihr meint, daß wir Menschen sie brauchen, die anderen, die wir nicht so nötig haben oder die gar die Erde zerstören, malt auch – wohin?

Legt die fertigen Bilder auf den Fußboden, setzt euch im Kreis um die Bilder. Am besten wünscht sich jemand ein Bild. Die es gemalt haben, erzählen nun, warum und wie es entstanden ist. Die anderen hören zu. Anschließend stellt ihr Fragen. Erzählt, was ihr auf dem Bild sonst noch findet. Die Gruppe, die eben ihr Bild vorstellte, darf sich nun ein neues Bild aussuchen usw.

B) Ein Schöpfungsbuch sammeln und gestalten

1. Prozeß

In der Natur sammelt ihr Blätter, Blüten, Zweige, – und was euch sonst noch auffällt. Ihr klebt diese Materialien in ein Schöpfungsbuch ein, wie in ein Fotoalbum, jedes Kind für sich. Bilder und Texte können hinzukommen.

2. Material

Fotoalbum aus größeren DIN A 3-Blättern selbst herstellen. Wichtig: nicht zu klein, Platz für persönliche Texte lassen.

3. Zielgedanke

Jedes Kind sammelt seine eigenen Schöpfungserfahrungen und macht sie sich bewußt: Gottes gute Schöpfung lebt und muß von mir bewahrt und geschützt werden!

4. Verknüpfung

Schöpfungsbücher in der Klasse ausstellen. Auch bei Tagen der Offenen Tür oder im Schulgottesdienst verwendbar. Die Kinder auf jeden Fall in der Klasse/Gruppe über ihre Erfahrungen mit ihrem Schöpfungsbuch lange reden lassen.

C) Ein Schöpfungsbilderbuch herstellen

1. Prozeß

Auf großen Bögen werden die einzelnen 'Schöpfungstage' oder auch die Gesamtheit der Schöpfung nach Räumen geordnet (Meer, Himmel, Erde, Städte, Wälder usw.) aufgemalt oder aufgedruckt.

Prinzip der Zusammenarbeit vorher klären: Die Kinder stellen einzeln oder in Partnerarbeit ihr persönliches Schöpfungsblatt her, das mit den anderen Blättern zum Groß-Bilderbuch zusammengefügt wird. Welches Thema, welches Motiv wählst du? Gespräch!

2. Material, Methode

Wie unter 15 A. DIN A 1-, DIN A 2- oder Packpapierbögen verwenden. Wichtig: alle Malbögen gleich groß wählen!

Möglichkeit: mit Naturmaterialien drucken – auf selbstgefertigte Druckstempel aufziehen. Ich kann auch den Nachbarn bitten, seinen Stempel mir auf meine Buchseite einzudrucken! Zum Druckvorgang siehe 141 B!

3. Zielgedanke

Die Schöpfung hat viele Stufen und Bereiche, die wir uns gemeinsam bewußtmachen und vorstellen möchten.

4. Verknüpfung

Gesprächssituationen schaffen, wie unter 15 A beschrieben, als Weiterführung und Vertiefung nach dem Malen.

D) Einen Schöpfungstag gestalten

Nach den hier beschriebenen Aktionen zur Schöpfung wird die Gestaltung eines Schöpfungstages nicht schwerfallen. Der Tag kann folgende Vorgänge aufnehmen:

- Spaziergang in der Natur, Wahrnehmungen, Materialien mitnehmen (behutsam)
- drucken, malen, gestalten
- nachdenken, berichten, sich austauschen
- Bilder und Drucke betrachten
- das Bilderbuch binden
- das Bilderbuch miteinander besprechen
- miteinander essen und trinken

16 DIE ARCHE

Eine selbstentwickelte Szene

1. Prozeß

Noah ist auf die Erde zurückgekehrt. Die Menschen heute diskutieren mit ihm, ob es richtig war, alle Tiere mit in die Arche zu nehmen. Hat er Tiere vergessen? Was ist zum Beispiel mit den Sauriern? Sind nicht einige Tiere so „schädlich“, daß wir sie „gar nicht brauchen“? – Oder hat diese Theorie doch einen gewaltigen Haken?
Was würden wir heute in die Arche mitnehmen, welche Tiere, welche Pflanzen, welche Menschen, was sonst noch? Was sollten wir unbedingt draußen lassen?

2. Material, Methode

Alle sitzen im großen Kreis. Einige entscheiden, Noah und Familienangehörige zu werden. Sie setzen sich in die Mitte. Nun machen zwei Reporter aus unserer Zeit mit der Familie Noah ein Interview. Sachverständige können hinzugezogen werden. Nach einer gewissen Zeit Rollenwechsel. Gibt es neue Einsichten?

3. Zielgedanke

Die Szene zeigt auf, wie richtig und gut sich die Schöpfung entwickelt hat, wie sehr ein Schöpfungselement auf das andere bezogen ist – und wieviel der Mensch riskiert, wenn er mutwillig eingreift!

4. Verknüpfung

Nach jedem Rollenspiel folgt ein ausführliches Gespräch!

17 FRÜHLING, SOMMER, HERBST, WINTER

Eine Bildergalerie

1. Prozeß

Teilt euch in vier Gruppen auf: in jeder Ecke des Raumes oder Platzes eine Jahreszeit!
Malt nun in der Gruppe eure Jahreszeit, gemeinsam, allein oder zu zweit! Was schenken uns die Jahreszeiten? Nachher macht ihr eine große Ausstellung: „Die Jahreszeiten“. Welche Rolle nimmt die Sonne in jeder Jahreszeit ein?

2. Material

Materialien wie bei 15 A und C, starke Baufolie unterlegen.

3. Zielgedanke
Gottes gute Schöpfung schwingt in einem wunderbaren Rhythmus der Jahreszeiten. Diese Erfahrung verdichtet sich zum Bekenntnis „Solange die Erde steht" 14.

4. Verknüpfung
Bevor ihr euch an die Ausstellung macht, legt eure Bilder auf den Boden und stellt sie vor.
Ein Kind wünscht sich ein Bild usw., wie unter 15 A beschrieben. Ihr könnt zwischendurch ein Lied singen 14 und mit einem Gebet abschließen 20.
Und gestaltet dann die Bildergalerie, die Ausstellung! Ladet dazu die Öffentlichkeit und eure Eltern ein!

18 WIR VIER ZUSAMMEN
Gestaltungs-, Feier- und Liturgie-Ideen

Gestaltungsideen

BEHÜTEN, BEWAHREN, BEWACHEN!

1. Einheit
Einstieg mit dem Fühlkino 3 A, Rundlauf, das Vier-Ecken-Spiel 3 B schließt sich an. Erfahrungen malen lassen, Begriffe werden aufgeschrieben (3./4. Schuljahr), insgesamt werden die Hinweise aus 15 A genutzt. Die vier Elemente sollen bewußtgemacht werden. Im Rundgespräch über die Malprozesse werden die Erfahrungen der Kinder und aus dem Gruppenprozeß hinzugewonnene Einsichten besprochen und so gefestigt.

2. Einheit
Gang mit der Gruppe durch die Natur mit Sammlungen. Diese werden im Gruppenraum getrennt niedergelegt bzw. aufgebaut. Gespräch. Die Kinder sollen sich in die Natur einfühlen; erkennen, daß die Natur wunderbar zusammenspielt, aber doch auch unseren Schutz braucht! Gespräch über das aufgebaute 'Naturbild' in der Großgruppe.

3. Einheit
Gestaltungsaufgaben in der Gruppe. Durch je eine Wandzeitung 12 B für ein Element werden eigene Ideen mit den gesammelten Materialien verwirklicht. Was gefunden wurde, wird beschrieben, notiert, aufgeklebt, durch Bildmaterial illustriert. Anschließend Gedankenaustausch anhand der vier Wandzeitungen. Alternative: 'Mein Schöpfungsbuch' 15 B!

4. Einheit
Ein Vier-Elemente-Lied 9 wird zunächst als Spiellied 10 A, dann in einem Vier-Ecken-Spiel eingebracht 10 B. Vorstellung des Liedes, Rundgespräch, kurzes Einüben der Melodie, dann folgen die Spielprozesse. Anschließend Gedankenaustausch.

5. Einheit
Einstieg mit dem Lied 9 als pantomimischer Darstellung 10 A. Ein Bibeltext und der Kanon werden eingebracht: 13/14. Rundgespräch: Gott ermutigt uns zu vertrauen! Musikalische und inhaltliche Erarbeitung gehen Hand in Hand.

6. Einheit
Dia-Aktion, wie in 10 C beschrieben. Rundgespräch nach der Kind-Eltern-Aktion: 'Was möchte ich erzählen? – Was ist mir wichtig aus der Dia-Erfahrung mit meinen Eltern?' Die Kinder stellen die Diareihe zusammen, dazu die Meditationstexte. Pädagogischer Impuls: Schöpfung und Mensch sind durch Gott, den Schöpfer, miteinander verbunden. Darum soll ich mit der Schöpfung schonend umgehen! Anschließend Vorstellung der Reihe. Einbringen der Lernerfahrungen und Materialien in einen Gottesdienst.

Zielgedanke
Gott gibt uns seine Schöpfung zum Leben und Überleben. Er ermutigt uns zu vertrauen, aber auch dazu, rücksichtsvoll mit der Schöpfung umzugehen!

Feier- und Liturgie-Ideen

WIR VIER ZUSAMMEN
Zusammenhänge der Schöpfung

1. Einstimmung in das Thema
Während in den altorientalischen Religionen die Himmelskräfte und Gestirne selbständige Götter sind, werden in der Bibel, schon im Alten Testament, diese Wesen deutlich entmachtet. Sie sind in der hebräischen Religion Boten Gottes, seine Wesen, die ihm dienen und seine Macht und seinen Glanz ausstrahlen. Der Psalm 29 spricht eine deutliche Sprache 4.

2. Entfaltung
Zur Einstimmung kann ein in der Kindergruppe gefertigtes Modell 1 vorgestellt werden, wobei Kinder berichten, wie das Modell entstand und warum sie es so gebaut haben. Der Sprechtext 2 wird für diesen Gottesdienst zu einer kleinen Szene ausgebaut. Das Gedicht, das das Zusammenspiel der Elemente darstellt, mündet in das gemeinsame Beten 4 ein. An diesem Modell kann auch verdeutlicht werden, wie notwendig die Elemente in ihrem Zusammenspiel für die Erde und den Menschen sind. Das Vier-Elemente-Lied 9 schließt diesen Zusammenhang ab.

3. Zielgedanke
Den Teilnehmern soll bewußt werden, wie sehr im Zusammenspiel der Naturkräfte einer vom anderen abhängig ist. Das wird zu einem Symbol für unseren Umgang mit der Schöpfung und für uns selbst: Wir sind nur gemeinsam stark. Darum müssen wir schützen, bewahren, helfen, wir Menschen uns untereinander und wir Menschen die Natur!

4. Aufbau
- Ein vorher gefertigtes Vier-Elemente-Element wird vorgestellt. Wird dieser Gottesdienst im Rahmen einer Tagung (z.B. bei einem Schullandheimaufenthalt) gehalten, kann die Gestaltung dieses Elements in den Gottesdienst integriert werden 1.
- Sagt das Feuer zum Wasser 2, als Szene

- Psalm 19 4, gemeinsam oder im Wechsel gesprochen
- Auslegung, Ansprache
- Vier-Elemente-Lied 9, gestaltet mit 10 A
- Fürbitten
- Wenn Gott die Schöpfung liebt, ein weiteres Vier-Elemente-Lied 132
- Segen

DER REGENBOGEN

Gott ist treu!

1. Einstimmung in das Thema

In einer Zeit, die von Angst und apokalyptischen Bildern geprägt ist, wird ein Gottesdienst zum Thema „Regenbogen" eine wohltuende Alternative: Gott ist seiner Schöpfung, seinen Menschen treu, obwohl er, besser: weil er um die Unzulänglichkeit des Menschen weiß! Dabei sollen nicht theologische Beruhigungspillen verteilt werden. Vielmehr wachsen uns aus der Zusage Gottes Mut und Hoffnung zu, die Gerechtigkeit zu tun, den Frieden zu üben und die Schöpfung zu bewahren. So glauben und bekennen wir es.

2. Entfaltung

Das Lied 11 kann einleiten: die Natur ist so vielfältig. Aber sie ist auch bedroht! Einmal hat es eine Riesenkatastrophe gegeben, die Sintflut! Was würden wir tun, wenn Ähnliches ins Haus stände? Der Baustein 16 wird in seinem Ergebnis – ein in der Gruppe entwickeltes Interview mit Noah – in den Gottesdienst hineingenommen – als nachgespielte kleine Szene!

Daran kann sich die Malaktion 'Regenbogen' 15A oder die Deutung einer vorhergegangenen Malaktion anschließen. Wenn Zeit und Muße besteht, kann die Malphase gewagt werden, ansonsten: Ausdeutung der vorher gemalten Bilder. Die Bilder sollen vor dem Gottesdienst im Kirchenraum aufgehängt werden. Kurze Beschreibungstexte sind in der Vorbereitung genau zu entwickeln, da sie spontan meistens zu langatmig werden! Malaktion und Interview verdeutlichen den Zusammenhang 15 und/oder 16. Eine kurze Zusammenfassung bindet zusammen.

3. Zielgedanke

Gott hat im Regenbogen ein Zeichen gegeben: er möchte uns Menschen und seiner Erde treu bleiben 13, 14. Die Szene und die Bilder geben Ermutigungen für eine lebenswerte Zukunft!

4. Aufbau

- Zwischen Nordpol und dem Südpol, Spiellied 11
- Die Arche, eine Spielszene zur Sintflutgeschichte, aus einem Rollenspiel heraus entwickelt 16
- Gott gibt uns ein Versprechen, Bibeltext 13
- Solange die Erde steht, ein Kanon 14, Bindeelement zwischen den übrigen Teilen des Gottesdienstes
- Malaktion bzw. Vorstellung der gemalten Bilder 15 A
- Zusammenfassung
- Fürbitten
- Segen

DAS STILLE, SANFTE SAUSEN

Gott ist anders!

1. Einstimmung in das Thema

Die Elemente als göttliche Zeichen zu sehen,- das könnte dazu verführen, indirekt ein Gottesbild zu malen, das Schrecken und Angst einflößt: Gott erscheint im Donner, in Blitzen, in Erdbeben, im aufgewühlt tobenden Meer. Der Elia-Text 7 löst dieses Gottesbild ab, das in Psalm 29 4 noch zu spüren ist.

2. Entfaltung

Der Psalm 4 kann eröffnen. Aber ist das alles, was wir von Gott glauben? – Gott ist doch Herr der Elemente, die ihm gehorchen müssen! Und die Elemente sind auf das Zusammenspiel ihrer Kräfte angewiesen – wie Gott es will 2. Ich selbst sehne mich nach Freundlichkeit, Wärme, Geborgenheit 5! Kann ich Geborgenheit bei Gott erfahren? Gibt es einen zärtlichen Gott? Der Elia-Text, der den Mittelpunkt des Gottesdienstes bildet 7, wird erzählend vorgestellt.

Die vier Texte dieses Gottesdienstes 2, 4, 5, 7 werden in den vier Ecken des Raumes als Wandzeitung in großer Schrift aufgehängt. Alle Texte sind vorher laut im Gottesdienst vorgetragen, bzw. durch stilles Lesen in den Gottesdienst einbezogen worden. Die Teilnehmer werden aufgefordert, sich in die Ecke des Raumes zu begeben, die so von Gott erzählt, wie sie ihn am ehesten und besten verstehen. Gespräch in der Kleingruppe mit den Fragen aus 8 B. Das Vier-Elemente-Lied 9 schließt ab.

Hinweise

- Das Vier-Elemente-Lied 132 kann einbezogen werden. Es spricht von dem Gott, der sich in seiner Schöpfung uns liebend zuwendet!
- Das Lied 'Wenn' 134 kann verwendet werden. Die Zärtlichkeit und Fürsorge Gottes – und sein Appell an uns, aus seiner Zärtlichkeit zu leben, werden charakterisiert.
- Weitere Anleitungen zu Vier-Ecken-Spielen, die auch brauchbar für die Ausgestaltung einer Spielphase im Gottesdienst sind, unter 3, 10, 129!

3. Zielgedanke

Ein Gottesdienst für eine kleine Gruppe, bei dem viel Zeit zur Nacharbeit bleiben muß! Eine zentrale Frage ist die nach dem eigenen Gottesbild: Wer ist mein Gott? Wer bin ich, daß ich mir Gott so – und nicht anders vorstelle?

4. Aufbau

- Vortrag Psalm 29 4
- Rundgespräch zum Psalm 29
- Sagt das Feuer zum Wasser 2
- Ich bau mir eine Höhle, Spiellied 5
- Das stille, sanfte Sausen, Bibeltext 7, gestaltet nach 8 A
- Vier-Elemente-Lied 9
- Aktion, wie unter 2. beschrieben
- Wenn Gott, Lied 132
- Stille, Nachdenken, Ausdeutung
- Wenn, Lied 134, mit den Meditationsübungen 135
- Stille
- Segen
- Feuer, Feuer 9

Feuer

19 DIE HIMMEL ERZÄHLEN

Ein Psalm aus dem Alten Testament

Die Himmel erzählen, wie groß Gott ist.
Der Erdkreis verkündigt, was Gott tut.
Ein Tag erzählt es dem andern
und eine Nacht sagt es der nächsten weiter.

Ohne Worte geschieht das, ohne großartiges Reden, mit unhörbarem Flüstern.
So tanzt das Lied der Sonne über den Himmel.
Ihr strahlender Gesang läuft um den Erdball.

Wie ein geschmückter Bräutigam, der zu seiner Hochzeit geht, kommt die Sonne aus ihrer dunklen Kammer der Nacht.
Sie läuft wie ein leuchtender Held ihre Bahn.

Sie geht auf, sie geht unter,
entfaltet sich von einem Ende des Himmels zum andern.
Nichts bleibt vor ihrem Leuchten verborgen.
Alles, alles holt sie in ihr Licht hinein.

Und sagt mit ihrem Licht und Leuchten,
daß sie Gott, dem Schöpfer, dient!

nach Psalm 19, 1-7

20 ICH HABE HUNGER

Ein Gebet

Ich habe Hunger nach Sonne,
möchte satt werden vom Licht
und sehne mich nach Wärme.

Wenn ich krank bin und mir alles weh tut,
brauche ich Wärme, brauche ich Sonne.

Wenn nach langem Winter
die Sonne hervorkriecht
und die Tage heller und länger werden,
freue ich mich!

Wenn die Nacht dunkel und schwer war
und ich mit wirren Träumen
und Angst im Herzen dalag,
grüße ich gern das Licht des neuen Morgens.
Es vertreibt die Nacht und nimmt die Angst weg.

Ich brauche dich, Sonne, daß mein Herz hell
und meine Seele fröhlich wird.
Ich brauche dich, Gott, daß mein Leben
Licht und Hoffnung gewinnt!
Du Gott, meine Sonne, scheine! Amen.

21

ES STEIGT

Ein Ferienlied

2. So tief und rein wölbt sich das Zelt!
Es weht ein leichter Wind.
Das Meer rauscht leise – und ich zähl,
wieviele Wolken sind!

3. Die Wolken fahren hin und her
mit ihrem weißen Schiff.
Und manchmal bäumt sich eine auf
und wird zum dunklen Riff.

4. Und wird die Wolke auch zum Riff, –
gleich lacht sie wieder leicht
und hat die Nase zärtlich-weich
zur Erde hingeneigt!

5. Es rauscht das Meer von ferne her.
Ganz leise lacht die Luft –
und Sand und Muscheln um mich her
und auch des Ginsters Duft.

6. Ich lieg und träume hier im Sand
zum hellen Himmel hin
und atme tief und freue mich,
daß ich so glücklich bin!

22 DASS ICH SO GLÜCKLICH BIN

Berichte und Aktionen aus den Ferien

1. Prozeß
Die üblichen Berichte und Aufsätze „Was habe ich den Ferien erlebt?" wollen wir vergessen! Statt dessen sollen die Kinder etwas Sichtbares, Greifbares aus dem Urlaub mitbringen!

2. Material
Vielleicht bringen sie ein Segelschiff mit, das sie in den Ferien selbst gebastelt, vielleicht einen Stein und ein Stück Holz, die sie am Strand oder in den Bergen gefunden haben, eine gepreßte Blume usw.

3. Zielgedanke
Gott schenkt Zeit zum Leben, zum Glücklichsein, nicht nur im Urlaub!

4. Verknüpfung
- Erfindet zu eurem Mitbringsel eine Geschichte – und erzählt sie in der Gruppe!
- Baut aus euren Elementen ein gemeinsames 'Ferien-Denkmal'!
- Schreibt oder erzählt zu diesem Feriendenkmal gemeinsam eine kleine Geschichte, ein knappes Hörspiel, eine Szene!

23 SONNE

Eine Überlegung

Die Sonne ist ein Feuerball. Auf ihr geschehen dauernd Explosionen aus Gas und Licht. Atome werden gespalten, kleinste Teilchen zerteilt. So entsteht unvorstellbare Hitze. Die Sonne strahlt diese Hitze aus. Licht, Wärme, Leben kommen zu uns.

Aber die Strahlen der Sonne sind gefährlich. Wenn wir der Sonne zu nahe wären, müßte alles verbrennen, nicht nur durch die Hitze des Feuers, sondern vor allem durch unsichtbare, tödliche Strahlen, Atomstrahlen, die alles Leben zerstören.

Diese Atomstrahlen entstehen bei der Atomspaltung. Ein Atom spaltet das andere. So rollt die Kette.
Auf der Sonne geschieht dieser Vorgang seit Milliarden Jahren. Aber die Sonne ist auch sehr weit von uns entfernt!

Können Menschen das, was auf der Sonne geschieht, nachmachen – und so ungeheuer viel Energie gewinnen, die Atomenergie? –

Wir haben es längst getan!
In Atomkraftwerken, auf Unterseebooten, bei wissenschaftlichen Versuchen, in der Medizin und bei der Explosion einer Atombombe wird Atomenergie genutzt. Aber ist diese Energie nicht zu gefährlich?

Die einen sagen: Wir benötigen Atomstrom, weil wir sonst die Rohstoffe zu schnell verbrauchen. Die Luft wird sonst an ihrer eigenen Verbrennung ersticken!
Andere sagen: Wir brauchen schnellstens andere, weniger gefährliche Energien, die weder die Atmosphäre verschmutzen noch die Erde durch Strahlen verseuchen. Es gibt den Wind, die Sonne, das Wasser: Diese Energien sollen wir Menschen besser nutzen!

24 SONNENENERGIE – WINDENERGIE – ATOMENERGIE

Informationen

Wir Menschen heute brauchen elektrische Energie, sonst können wir viele Arbeiten gar nicht mehr erledigen. Alle Fabriken und Haushalte benötigen „Strom“, der die Maschinen antreibt und Wärme in unseren Häusern bildet.

- Erkundigt euch, wie man Strom herstellt!
- Erzählt, was ihr von Windrädern und Solarzellen wißt!
- Vielleicht habt ihr eine Gelegenheit, ein Kraftwerk zu besuchen, in dem Strom in großen Massen hergestellt wird.
- Habt ihr eine Ahnung, wie ein Atomkraftwerk funktioniert, wie ein Kohle- oder Gaskraftwerk?
- Besucht ein Wasserkraftwerk, eine Windkraft-Anlage!

25 WENN WIR VOM LICHT DER GROSSEN SONNE LEBEN

Ein Gebet für Erwachsene mit Kindern

Wenn wir vom Licht der großen Sonne leben,
weiß jeder, daß du, Gott, ihr Feuer lenkst
und Feuer, das verbrennt, in Licht verwandelst
und aus dem Feuer Licht und Wärme schenkst!

Herr, erbarme dich!

Wenn wir die starke Kraft der Sonne nehmen
und spalten das Atom, das Wärme schafft,
und zeugen Energien, die wir brauchen –
wer bändigt diese losgebundne Kraft?
Herr, erbarme dich!

Wenn wir vom Licht der großen Sonne leben
und spielen mit dem Feuer ihrer Macht, –
bekehr uns, Gott, zu dir, zu deiner Weisheit,
zu Licht und Wärme mitten in der Nacht!
Herr, erbarme dich!

26 ATOMSPIEL UND KETTENREAKTION

Bewährte Spielideen

A) Atomspiel

Ein Spielleiter ruft eine Zahl auf. Die Großgruppe gliedert sich darauf in Kleingruppen der aufgerufenen Zahl,

- ein Spiel zum Kennenlernen,
- ein Spiel zur Veranschaulichung der „Atomkraft" – immer neue „Elemente" entstehen!

B) Kettenreaktion

Die Kinder bilden einen Kreis. Ein Kind befindet sich in der Kreismitte. Alle gehen im Kreis nach einer vom Plattenspieler kommenden Melodie. Setzt die Musik aus, sucht sich das Kind in der Mitte ein anderes, das nun seinen Platz einnimmt. Bei wieder einsetzender Musik wandert das erste Kind außenherum, gegen den Uhrzeigersinn. Das Kind, das jetzt im Innenkreis steht, sucht sich – bei aussetzender Musik – ein neues Kind aus dem Kreis, stellt dieses in die Mitte, geht selbst nach außen zum ersten Kind und bildet mit ihm eine 'Schlange', so lange, bis alle Kinder aus dem Kreis abgeholt wurden und jetzt als lange Schlange außerhalb des alten Kreises gehen.

27 FEUER FÜHLEN

Fühlideen

1. Prozeß

Wir bilden eine Vierergruppe, tischweise. Eine mitgebrachte Kerze wird unter Aufsicht entzündet. Mit Streichhölzern, mit einem Feuerzeug! Stellt Unterschiede zwischen Streichholz und Feuerzeug fest!

2. Material

Erfahrungen mit dem Feuer (Vorsicht!):
- Durchstreift eine brennende Kerze mit dem Finger!
- Wärmt die Hand am Feuer!
- Fühlt das heiße Wachs der Kerze!

Verbrennt ein Stück Papier im großen Kreis (Vorsicht!):
- Was verbrennt? – Nur Papier? Luft verbrennt mit!
- Was entsteht? Rauch, Abgase! Was ist das?

3. Zielgedanke

Im Element des Feuers kommen Leben, Wärme, Licht, aber auch Verbrennung, Zerstörung, Tod zu uns.

4. Verknüpfung

Redet über eure Erfahrungen im großen Kreis!

28 FEUER UND LICHT

Spiel- und Werkideen

- Entzündet ein Feuer mit Feuerstein und Stroh! Wer hat's als erster geschafft?

- Baut eine einfache Lampe – bringt einen Docht, den ihr in Tier- oder Pflanzenfett getaucht habt, zum Brennen!

- Besorgt euch eine Taschenlampe! Werft mit ihr im Dunkeln Lichtkegel!

- Erfindet dazu eine kleine Geschichte! (Was hat das Licht der Taschenlampe mit dem Feuer zu tun? Erzählt gegenseitig im Kreis!)

29 DAS ZÜNDELN

Eine Erzählgeschichte

Einmal hat der Frieder eine Streichholzschachtel geholt, ganz mit Streichhölzern gefüllt. Da hat er ein Streichholz genommen und hat mit dem Streichholz über die rauhe, braune Zündfläche gestrichen, ganz leicht und sanft, fast ohne die Reibefläche zu berühren.

Dann hat er beim Streichen fester zugedrückt. Da hat's gezischt und gefaucht, und ein stinkiger Dampf ist ihm in die Nase gestiegen. Eine reine, wütende Flamme ist aus dem Streichholz herausgefahren und hat es in helle Glut getaucht und das Gesicht und die Hände vom Frieder dazu.

Der Frieder ist zuerst erschrocken zusammengezuckt und hat das brennende Streichholz fast fallen lassen. Aber dann hat er's doch in der Hand behalten und hat zugeschaut, wie die Flamme ruhig und still brennt. Das Feuer ist ganz nach unten zum Streichholzende heruntergekrochen, und oben ist nur noch ein glühender und dann schwarzer, aber immer noch heißer Stumpf gewesen. Das Feuer ist unten am Streichholzende angekommen, ist zu den Fingerspitzen vom Frieder gekrochen und hat wehgetan.

Da hat der Frieder gepustet und gewedelt. Das Feuer ist ausgegangen, und der Frieder hat das ausgebrannte Streichholz zu Boden geworfen und hat aufgepaßt, daß es nicht weiterbrennt.

Dann hat der Frieder schnell ein zweites Streichholz aus der Schachtel gezogen und wieder angezündet und sich alles genau angesehen und das Streichholz niedergebrannt und das ausgebrannte Streichholz zu dem anderen ausgebrannten auf den Boden geworfen. So hat er es mit allen Streichhölzern im Schächtelchen gemacht.

Warum er das getan hat, hat der Frieder selbst nicht gewußt. Nur, daß es so schön geleuchtet und so gefährlich gezischt hat und daß ihm ein heimliches Gruseln über den Rücken gelaufen ist beim Zündeln, das hat er gewußt.

Vielleicht hat er's darum getan, das Zündeln.

30

TONI, TONI TUNICHGUT I

Ein Spiellied zum Thema „FEUER – ENERGIE“

2. Dann wird es im Zimmer schrecklich heiß.
Der gute Toni gerät in Schweiß.
Die Fenster auf – die Wärme muß raus!
Verflucht – die Hitze hält niemand mehr aus!

3. Zum Frühstück, da muß ein Toaster her,
ein Eierkocher und sonst noch mehr!
Und geht's dann raus in Mutter Natur –
Recorder unterm Arm –, da bleibt Toni stur!

4. Der Toni verbraucht 'ne Masse Energie
und zuckt mit der Achsel: „Na, jetzt oder nie!"
Am hellen Tag – ja, ist er beschwipst? –
hat Toni bereits tausend Watt angeknipst!

31 SPIELIDEEN zum Lied

Die Figur des Toni Tunichgut – eine Karikatur, die nicht so weit von unserer Wirklichkeit entfernt ist – taucht in allen vier Elementen-Kapiteln auf. Melodie und Refrain bleiben bei allen Toni-Tunichgut-Liedern gleich!

A) Singspiel

Was Toni sagt und singt, wird als Rolle von einem Einzelsänger übernommen. Die übrigen Kinder bilden den Chor, der die erzählenden Passagen singt. Toni Tunichgut spielt dabei die Szenen voll aus. Der Chor begleitet ihn. Die Zuhörer werden gebeten, den Refrain mitzusingen!

Um den Singspielcharakter herauszuarbeiten, können durch die Gruppe kleine Sprechszenen gestaltet werden, was Toni nun schon wieder alles verbrochen hat...
Welche Rollen könnt ihr euch für euer selbstentwickeltes Singspiel vorstellen? Welche Szenen? Welche Lieder aus FEUER, ERDE, WASSER, LUFT möchtet ihr außer den Toni-Tunichgut-Liedern noch ins Singspiel einbauen?

B) Weitere Spielideen

Ansonsten kann „Toni Tunichgut“ als Einzellied, in einem bescheideneren Rahmen als

- Liedpantomime laufen. Eine Person spielt Toni Tunichguts Streiche stumm aus. Chor und Toni als Spieler gestalten so ein Toni-Lied als lustige, stumme Szene, die der Chor besingt! Weitere Anregungen unter 65 !
- kleine Liedszene gestaltet werden. Toni singt seine Rolle wie im Singspiel, alles übrige leistet der Chor. Weitere Anregungen unter 115 !
- Moritat entwickelt werden. Vorsänger und Chor tragen das Lied vor. Dazu werden große Plakate gezeigt, die vorher in der Gruppe gemalt wurden! Materialien und Malvorhaben werden unter 15, 17, 34, 86, 113, 125 vorgestellt. Zur Gestaltung einer Moritat-Bildergeschichte siehe auch 86, 87 !

32 LEBEN AUS DER NATUR – MIT DER NATUR!

Eine Mahlzeiten-Idee

1. Prozeß

Die Gruppe wird losgeschickt: in 10 Minuten soll jeder etwas Eßbares auf den Tisch bringen oder einen Tischschmuck besorgen. Kaufen ist verboten, Betteln u.U. erlaubt (vorher absprechen!).

2. Material

Vorsicht beim Eindringen in die Natur! Brecht nicht achtlos Zweige ab! Rupft nicht gedankenlos Blumen aus! Zertretet nicht sinnlos Beete! Diese Aktion paßt vor allem in die Herbstzeit. Ihr werdet erstaunt sein, was ihr alles findet:! Äpfel, Birnen, Brombeeren...

Gestaltet aus dem Gefundenen eine kleine symbolische Mahlzeit! Deckt und schmückt den Tisch mit den mitgebrachten Blumen und Früchten! Achtung: nur wirklich Eßbares auf den Tisch bringen! Die Früchte gründlich waschen und reinigen! Als Tisch- und Danklied ist 36 möglich.

3. Zielgedanke

Wir essen schweigend, um zu überdenken, wieviel unerkannter und ungenutzter Reichtum für uns bereitsteht!

4. Verknüpfung

Die Meditation 33 „Wenn ich jetzt esse und trinke“ kann das schweigende Mahl einleiten.
Es ist sinnvoll, die Entwicklung dieser Idee in einigen Dias festzuhalten und so diese Erfahrung zu belegen. Das Sammeln der Früchte, der

gedeckte Tisch, die einzelnen Früchte – und wie sie gegessen wurden, kann fotografiert werden. Die Dias können später z. B. in einem Gottesdienst 42 verwendet werden.

Unter 146, 147, 148 wird eine andere Mahlzeiten-Idee vorgestellt, aus der Bausteine einbezogen werden können. Das Danklied 144 ist ebenfalls verwertbar.

33 WENN ICH JETZT ESSE UND TRINKE

Eine Meditation

Wenn ich jetzt esse und trinke,
Gott, will ich mich erinnern,
daß du mir den Tisch deckst, täglich.

Du deckst allen den Tisch!
Wirklich?

Und die Hungernden
und die Flüchtlinge in dieser Welt?

Was ist mit Kindern,
denen Vitamine und Kalorien fehlen?
Was mit den Menschen,
die mit Hungerbäuchen und Hunger-
geschwüren
herumlaufen und sterben müssen?

Wie denke ich über Asylsuchende
in unserer Stadt, in unserem Dorf,
wie über Menschen auf der Flucht,
die bei uns eine Heimat,
eine Bleibe suchen?

Wie kann ich helfen?

Du schenkst soviel,
in der Natur und im Garten,
auf den Feldern und Wiesen,
aus Flüssen und Meeren!

Wenn ich zu teilen beginne,
bis keine Not mehr da ist,
werden Hungrige satt,
Weinende lachen,
Heimatlose finden ein Zuhause,
und Furchtsame werden
zu mutigen Menschen!

Laß mich heute glücklich werden,
indem ich andere glücklich mache!

Lehre mich zu danken!

Lehre mich zu teilen!

Amen!

34 GESTALTUNGEN zur Meditation

A) Mal-Aktion

1. Prozeß
Malt zu zweit oder dritt ein großes Plakat auf Packpapier oder Pappe zum Thema „Wenn ich jetzt esse und trinke".

2. Material, Methode
Materialien und Arbeitsschritte wie unter 15 A, 17, 129 A!

3. Zielgedanke
Durch Teilen werden alle satt!

4. Verknüpfung
- Gibt es Gegensätze, die euch einfallen, z. B. Hunger – Überfluß; Armut – Reichtum; Schwarz – Weiß; Industrienationen – Länder überwiegend mit Landwirtschaft?
- Gibt es solche Gegensätze in unserem Land, wo und wie?
- Habt ihr eine Idee, wie man das „Teilen" malen könnte?

B) Dia-Aktion, Dia-Malerei

1. Prozeß
In dem Baustein 10 C wurden die Grundsätze des Arbeitens mit Dias dargelegt. Hier soll eine weitere Möglichkeit vorgestellt werden, Dias selber zu malen!

2. Material, Methode
Wir benötigen Diagläser, die in manchen Fotogeschäften noch vorhanden sind. Diese behandeln wir mit Tusche, Filzstiften, Uhu, Kerzenruß, einem spitzen Stift, z.B. einer spitzen Feder, mit der man in den Kerzenruß einritzt! Wir kleben zwei Gläser aufeinander! Keine deckenden Farben wählen! Hat man keine Diagläser zur Hand, nimmt man die üblichen Glasdiarähmchen! Das erzielt den gleichen Effekt, die Bilder werden nur etwas kleiner.

3. Zielgedanke
Gibt es in unserer Stadt, in unserem Dorf Erfahrungen mit den oben beschriebenen Gegensätzen? Asylsuchende, Roma und Sinti unter uns? Arbeitslose? Hier bei uns – und in den neuen Ländern? Drogensüchtige Jugendliche? Wir müssen uns das Leid, die Armut, die Sucht mitten unter uns bewußtmachen. Das kann mit einer Dia-Malerei geschehen. Über weitere Schritte müssen wir zusammen mit anderen Leuten beraten!

4. Verknüpfung
Zu den einzelnen Dias können auch Texte in der Gruppe entstehen, die mit den Dias zu einer Dia-Meditation verschmelzen.

35 ROLLENSPIEL zur Meditation

1. Prozeß

Überlegt zunächst, welche Rollenpaare ihr braucht, etwa „Arm – Reich?“ Zwei aus eurem Kreis haben vielleicht Lust, diese Rollen zu spielen?

2. Methode

Die beiden Rollenspieler setzen oder stellen sich in euren großen Kreis, direkt in die Mitte. Nun reden die beiden miteinander. Was haben sie sich mitzuteilen? – Verurteilungen? Bitten? Absagen? Hilfsangebote? Gibt es Streit oder Zusammenarbeit? Laßt die beiden ganz allein überlegen, was sie spielen wollen! Und hört und seht euch ihr Spiel aufmerksam an.

Dann setzen sich die beiden in den Kreis zurück. Sie erzählen, was sie fühlten und was sie mit ihrem Spiel ausdrücken wollten. Danach bespricht ihr, die Zuschauer, was ihr erlebt und gesehen habt. Vielleicht hättet ihr das eine oder andere anders gespielt. Nach einem ausführlichen Gespräch finden sich vielleicht zwei weitere Spieler, die die Rollen von eben noch einmal spielen, nun mit neuen Gedanken und Einsichten?

3. Zielgedanke

Wir möchten uns bewußtmachen, wie Menschen miteinander umgehen, wie sie miteinander umgehen könnten – ich möchte lernen, welche Möglichkeiten ich selbst habe, um glücklich zu werden und – andere glücklich zu machen!

4. Verknüpfung

So kann man eine ganze Weile spielen und sich unterhalten – und kommt vielleicht, ohne es selbst zu merken, zu neuen Erfahrungen zum Thema und zu sich selbst.

36

DU, GOTT, DECKST UNS DEN TISCH

Ein Tischlied, vor und nach dem Essen

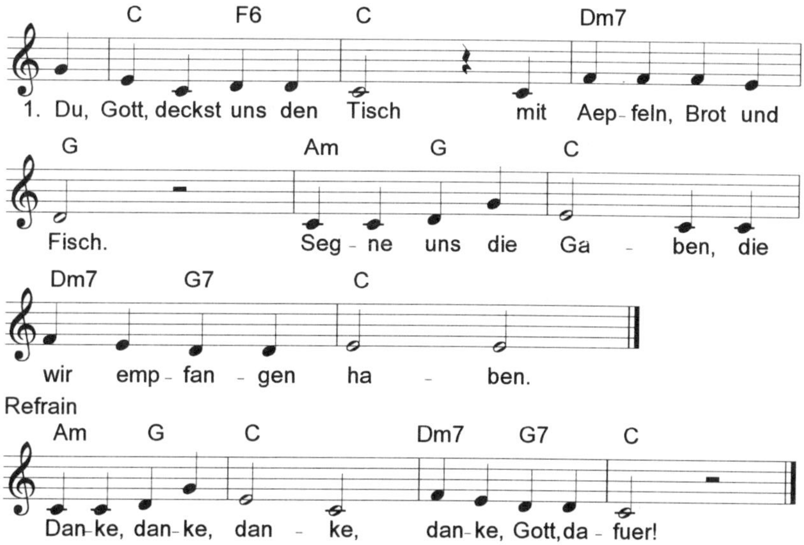

2. Du, Gott, deckst uns den Tisch
mit Äpfeln, Brot und Fisch.
Wunden werden heilen,
wenn wir Gaben teilen.

3. Du, Gott, deckst uns den Tisch
mit Äpfeln, Brot und Fisch.
Wenn Menschen sich begegnen,
wirst du zum Frieden segnen.

4. Du, Gott, deckst uns den Tisch
mit Äpfeln, Brot und Fisch.
Danke für die Gaben,
die wir empfangen haben.

37 SONNENVATER

Gebet der Inka

Sonnenvater, der du mir leuchtest,
alles wird Trauer sein und Schatten,
wenn meine Augen, die Sterne,
dich nicht mehr sehen!

aus Peru

38 ICH BIN

Bilder der Bibel

A) Ich bin, der ich bin –
Eine Erfahrung aus dem Alten Testament

Mose hütete die Schafe seines Schwiegervaters Jethro. Der war Priester in Midian. Mose trieb die Schafe über die Steppe hin zum Berge Gottes, dem Horeb. Da erschien ihm Gottes Bote in feuriger Flamme: ein Dornbusch brannte! Mose sah: der Busch brannte und verbrannte doch nicht. Mose wollte diese Erscheinung von Nahem betrachten. Als Gott sah, daß Mose näher herzutrat, rief er: „Mose! Mose!" Mose antwortete: „Hier bin ich!"

Gott rief ihm zu: „Tritt nicht näher! Mose, Mose, ziehe deine Schuhe aus! Du stehst auf heiligem Boden!"

Und Gott sagte noch mehr: „Ich bin der Gott deines Vaters, der Gott Abrahams, der Gott Isaaks, der Gott Jakobs!" Mose verhüllte sein Angesicht. Er fürchtete sich.

Gott sagte: „Ich habe das Elend meines Volkes in Ägypten gesehen und ihr Wehklagen über ihre Unterdrücker gehört und ihre Leiden erkannt. Ich will kommen, sie aus der Hand der

Ägypter herausholen und sie aus diesem Lande herausführen in ein gutes, weites Land, in ein Land, in dem Milch und Honig fließen. Tritt vor den Pharao und befreie mein Volk, die Israeliten, aus Ägypten!“

Mose sprach zu Gott: „Wer bin ich, daß ich vor den Pharao treten und die Israeliten aus Ägypten befreien soll?“ Und Gott antwortete: „Ich will mit dir sein!“

Mose sprach weiter zu Gott: „Siehe, wenn ich zu den Israeliten komme und ihnen sage, der Gott eurer Väter, der Gott Abrahams, Jakobs und Isaaks hat mich gesandt, werden sie mich fragen: 'Wie ist sein Name?' Was soll ich ihnen dann antworten?“

Gott sprach zu Mose: „Ich bin der ich bin, ich werde sein, der ich sein werde. Sage meinem Volk, den Israeliten: 'Ich bin! Oder auch: Ich werde sein!' hat mich gesandt!“

nach Exodus 3,1-14

B) Ich bin das Licht der Welt – ein Wort des Christus

Ich bin das Licht der Welt.
Wer mir nachfolgt,
wird nicht weiter in Dunkelheit umherirren.
Er wird dem Licht begegnen,
das ihm Leben gibt.

Johannes 8, 12

C) Wach auf – ein Lied der Urgemeinde

Wach auf, der du schläfst, von den Toten!
Jesus, das Licht, die wahre Sonne
eines neuen Morgens, will dir leuchten!

Epheser 3, 14

D) Was wir sind – ein Anruf Jesu

Ihr seid das Licht der Welt!

Matthäus 5, 14

39 EINES TAGES

Ein indischer Weiser bekennt

Eines Tages werde ich
im Sonnenaufgang
einer anderen Welt
dir singen:

Ich sah dich schon
im Licht der Erde,
in der Liebe der Menschen!

Rabindranath Tagore (1861-1941)

40 DAS LICHT UND DIE LICHTER

Lichterliturgien

Auch mit Kindern im Kindergarten und in der Grundschule darf man eine Lichtermeditation versuchen. Am besten eignen sich Teelichter, die wir auf eine feste Unterlage (Holzbrett) stellen. Die Gefahr, daß bei längerem Leuchten das Teelicht nach unten hin zu heiß wird und den Teppich versengt, ist zu groß. Zur Sicherheit legt man unter das Brett noch eine Plastikfolie, daß auch beim Anstoßen des Teelichtes kein Wachs auf den Teppich fließt.

Ganz verschiedene Lichterideen sind möglich:

- Jeder hat ein Teelicht geschenkt bekommen. Er stellt es in den Kreis und äußert dazu eine Bitte, eine Fürbitte, einen Wunsch!

- Schlimme Welt- und Lebenssituationen sind als Stichworte auf Pappen gemalt bzw. geschrieben. Die Pappen sind im Altarraum bzw. im Gruppenraum aufgestellt. Wir werden aufgefordert, ein Licht zu dieser oder jener schlimmen Situation zu stellen und evtl. einen Gedanken dazu zu äußern, eine Bitte, Fürbitte, einen Wunsch!

- Die Teelichter werden in Kreuzform aufgestellt. Wir bilden ein Lichterkreuz! Wir singen dazu ein österliches Lied!

- Ich schenke meinem Freund/meiner Freundin, dem Nachbarn/der Nachbarin ein Teelicht und sage ihm/ihr einen Segen, einen Gruß, einen Friedenswunsch! Ich zünde das Teelicht für den anderen an.

- Ich möchte mit meinem Teelicht in einer Lichtermeditation danken für gute und schöne Erfahrungen, zum Beispiel in den Ferien!

41 FEUER
Gestaltungs-, Feier- und Liturgie-Ideen

Gestaltungsideen

FEUER IN DER NATUR –
GOTTES FEUER IN MIR

1. Einheit
Ein Bild, vielleicht ein selbstgemachtes Dia 10 C, wird vorgestellt. Es ist auch möglich, aus den Fühl-, Werk- und Spielideen auszuwählen 27, 28!
Die Kinder beschreiben ihre Eindrücke. Rundgespräch. Eine Meditation zum Stichwort 'Feuer' erfolgt (Gefühle, wie sie in der Zündelgeschichte beschrieben werden), entweder zu einem Dia oder an einem offenen Feuer (Kerze). Rundgespräch der Kinder. Stichworte aus diesem Gespräch erscheinen an der Tafel. Die Zündelgeschichte 29 kann vorgelesen werden. Nachgespräch notwendig.

2. Einheit
Die Kinder werden zu eigenem Tun angeleitet. Sie sollen Flammen schneiden, beschriften und zu einem Flammenbild zusammenkleben. Was schreiben sie auf die Flammen? – Ihre Erfahrungen mit dem Feuer: Was Feuer Gutes und Böses bewirkt. – Rundgespräch. Feuer als Energiespender Nr. 1!

3. Einheit
Wir lernen mit dem Feuer umzugehen. Wir bakken ein Brot im offenen Feuer, wie in 148 A beschrieben. Feuer ist notwendig, um uns am Leben zu erhalten. Wir hören die Pfingstgeschichte, in der auch von Feuer die Rede ist. Feuer ist das Zeichen für das Leben, das Gott uns neu schenkt 116!
Wir verzehren das selbstgebackene Brot – wir gehören zusammen, sind pfingstliche Menschen! Wir erinnern uns, was wir auf unsere Flammen schrieben – und schreiben weitere Gedanken auf unsere Flammenbilder.

4. Einheit
In einer Lichtermeditation 40 fassen die Kinder ihre Erfahrungen, Hoffnungen und Wünsche zusammen: Gott ist der Geber alles Guten, den wir anreden und bitten dürfen, daß er uns sein Lebensfeuer schenkt!

Zielgedanke
Gott gibt uns das Feuer in der Natur, damit wir leben und überleben. Er gibt sein inneres Feuer, seinen Geist, in unser Herz, damit wir rein, mutig und stark für seine Liebe werden! Wir sollen andere Menschen wärmen und liebhaben und behutsam mit der von Gott geschenkten Kraft umgehen.

ES STEIGT DER HIMMEL ÜBER MIR

Eine Feieridee nach den Ferien

1. Einstimmung

Wir freuen uns, daß wir gesund, erholt und mit vielen Erinnerungen aus dem Urlaub zurückkommen. Das ist ein Anlaß für eine kleine Feier – Elemente dazu in 19, 20, 21, 22 und 40.

2. Entfaltung

Das Hauptmotiv der Feier bilden Lied 21 und Aktion 22, wie beschrieben, die sich ergänzen. Der Psalm 19 leitet in das Thema ein, das Gebet 20 ergänzt.

Die Lichterliturgie 40 kann aufgenommen werden, z. B. als Schluß, in dem ich für gute und schöne Erfahrungen in den Ferien, für Bewahrung und Rettung danke!

3. Zielgedanke

Mein Dank wird konkret, indem ich Glück und Mut ausstrahle.

Ich kann andere er-mutigen. Ich helfe ihnen, indem ich selbst mutig lebe, in dem ich für sie da bin.

4. Aufbau

- Die Himmel erzählen, ein Psalm, Vortrag oder im Wechsel 19
- Ich habe Hunger, ein Gebet, Einzelvortrag 20
- Es steigt der Himmel über mir, ein Ferienlied 21
- Daß ich so glücklich bin, Aktion zum Lied 22
- Fürbitten, eine der Lichterideen
- Ich habe Hunger, Gebet, von allen gesprochen 20
- Segen

DU, GOTT, DECKST MIR DEN TISCH

Gaben und Aufgaben in dieser Welt

1. Einstimmung in das Thema

Essen und Trinken zeigen uns Gottes Gegenwart. Jede Mahlzeit ist Zeichen des ankommenden Friedens aus Gott, ja seiner Anwesenheit.

2. Entfaltung

Mitte dieser Feier-Idee ist die Mahlzeit, wie sie unter 32 vorgestellt wurde. Dabei muß wieder erwogen werden, ob diese Aktion gut vorbereitet in eine Gruppenliturgie übernommen wird oder ob die Gruppe sich einer gewissen Spontaneität überläßt, wie in 32 beschrieben. Wenn der Tisch gedeckt ist und die Gruppe zur Ruhe kommt, werden Gedanken wie unter 33, 34, 35 vorgestellt, in Auswahl entwickelt. Das Lied 36 verbindet alle Bausteine zu einem Ganzen. Ich denke bei diesen Anregungen an eine kleine Liturgie-Feier in der eigenen Gruppe. Weitere Mahlzeiten-Erfahrungen unter 146, 147, 148.

3. Zielgedanke

Wenn wir gemeinsam essen und trinken, werden wir zur Lebensgemeinschaft zusammenwachsen. Eine solche Gemeinschaft wird stark, gemeinsam zu entscheiden und zu handeln.

4. Aufbau

- Du, Gott, deckst uns den Tisch, Lied 36
- Leben aus der Natur, vorbereitende Aktion 32
- Wenn ich jetzt esse und trinke, Gebet 33
- Mal-Aktion 34 A oder Dia-Aktion 34 B oder Rollenspiel 35
- Daß das Essen auf dem Tisch steht, Lied 144
- Mahlzeit
- Du, Gott, deckst uns den Tisch 36

FRÜHLING, SOMMER, HERBST, WINTER

Erntedank ist Lebensdank

1. Einstimmung
Das Selbstverständliche, der Kreislauf der Natur, ist nicht selbstverständlich. Aber daß wir bisher so leben durften, wie wir leben – ohne große Sorgen, in Wohlstand –, ist Anlaß zu Dank und Umkehr, zum Teilen.

2. Entfaltung
Die Texte 13 und 14 leiten ein. Gott hat den Kreislauf der Natur festgesetzt! Muß alles so bleiben? – Die Mal-Aktion, die im Gottesdienstraum dokumentiert und vorgestellt wird 17, sagt aus: wir sind reich beschenkt!
Eine solche Aussage kann auch die Dia-Dokumentation 32 leisten. Nur knappe Texte formulieren!

In einer kleinen Gruppe kann die Mahlzeit 32 direkt in den Gottesdienst übernommen werden oder zu ihm hinführen.

Der Meditationstext 33 leitet zur Selbstkritik an. Elemente aus 34 A, 34 B oder 35 fügen sich in den Gottesdienst ein: Weniger ist mehr! Sehr vorsichtig mit Aktionen im Gottesdienst umgehen: lieber die Dokumentation einer Aktion als Veranschaulichung bringen! Das Lied 36 und der Kanon 14 halten den Gottesdienst zusammen. Sie dürfen sich wiederholen.

Wenn viel Zeit zur Verfügung steht, können Mal- oder Dia-Aktion sowie das Rollenspiel 35 zum Bestandteil eines Meditations- und Mahlzeitentages werden! Weitere Anregungen unter 146, 147, 148.

3. Zielgedanke
Essen und Trinken machen mich stark, weil Gott in jedem Brotkrumen, in jedem Schluck Wasser da ist. Er sendet und ermutigt mich, gemeinsam mit anderen Menschen sein Werk zu tun.

4. Aufbau
- Solange die Sonne steht, Kanon 14
- Gott gibt uns Menschen ein Versprechen, Bibeltext 13
- Frühling, Sommer, Herbst und Winter, Mal-Aktion 17
- Ausdeutung
- Wenn ich jetzt esse und trinke, Meditation 33
- Rollenspiel zur Meditation 35, weiterführende Überlegungen
- Du, Gott, deckst uns den Tisch, Lied 36
- Mahlzeit
- Solange die Welt besteht, Kanon 14
- Dankgebet, Segen

ATOMKRAFT – NEIN DANKE!

Ein aktueller Bezug

1. Einstimmung
Eine Meditation für eine kleine, überschaubare Gruppe, in der Nachgespräche möglich sind. Die Frage ist aktuell und darf auch im Gespräch mit Kindern nicht ausgeklammert werden. Gott hat uns Menschen viel Verantwortung gegeben. Aber wie gehen wir damit um?

2. Entfaltung
Der Psalm 19 leitet ein. Leben und Wärme, Leben und Licht kommen aus der Sonne. Der Text 23 unterscheidet: die Sonne ist auch gefährlich! Erfahrungen aus der Aktion 24 kön-

nen vertiefen (Dias, Berichte, Plakate, Film). Die Zündelgeschichte 29 verallgemeinert: Wir Menschen spielen gern mit dem Feuer! Dieses Spiel mit dem Feuer kann für uns gefährlich werden. Nur etwas ist noch schlimmer als das bewußte Spiel mit dem Feuer: Gedankenlosigkeit und Oberflächlichkeit. Toni Tunichgut ist das Musterexemplar eines gedankenlosen und oberflächlichen Menschen 30, eine Figur, mit der wir uns selbst ironisch verfremden. Das Gebet 37, von allen gesprochen, wird Leitidee und Refrain für ein Buß- und Fürbitt-Gebet, das in der Vorbereitungsgruppe erarbeitet wird. Als Bußgebet eignet sich auch 25.

3. Zielgedanke

Nicht moralisierendes Palaver, sondern Buße und Umkehr des einzelnen und der Gesellschaft sind gemeint. Buße wächst aus der Idee, daß dem Menschen eben nicht alles gelingt. Er wird Fehler machen. Diese Fehler können sich bei Atomkraft verheerend auswirken! Der Gottesdienst hinterfragt unser Menschenbild: Belügen wir uns selbst – oder können wir die Wahrheit über uns aushalten? Der Gottesdienst soll deutlich auch alternative Möglichkeiten der Energiegewinnung ansprechen.

4. Aufbau

- Die Himmel erzählen, Psalmgebet für alle 19
- Sonne, eine Überlegung 23
- Berichte von Aktionen I, negative Erfahrungen 24
- Toni Tunichgut, ein Mensch wie du und ich 30, mit Spielideen aus 31, oder:
  Das Zündeln, eine Geschichte 29
- Ausdeutung
- Wenn wir vom Licht der großen Sonne leben, Bußgebet 25 oder ein selbstentwickeltes Bußgebet mit Refrain 37.
- Berichte von Aktionen II, positive Erfahrungen 24
- Daß das Essen auf dem Tisch steht, Lied 144
- Schlußgebet, Segen

JESUS, MEINE SONNE

Ich sehne mich nach Wärme und bete an!

1. Einstimmung

Der ägyptische König Echnaton (1362-1346 v. Chr.) führte den Sonnenkult ein: die Sonne als einzigen, einzigartigen Gott. Israel dachte von der Sonne anders: Gott ist Herr des Himmels, auch Herr der Sonne. Sie ist wie alles Gottes Geschöpf. Aber die Absetzung des Sonnengottes hatte in Israel keineswegs die Ausmerzung der ägyptischen Anbetungsidee zur Folge, wie der Psalm 19 zeigt. Allerdings ist die Sonne nicht mehr göttliche Urkraft, sondern Zeichen des Willens und der Liebe des einen Gottes.

Im Neuen Testament werden diese Gedanken weitergeführt:

In der Osternacht wird das Licht eines neuen Morgens heraufgebracht. Jesus, der Auferstandene, ist das Licht der Welt, die Sonne, die uns schon heute von den Toten auferweckt, aus dem Schlaf der Gewohnheit und Müdigkeit herausreißt. Er lädt uns zu Lob und Anbetung, aber auch zur Verantwortung für diese Welt ein 38.

Eine Reihe von Texten bzw. Anregungen kommen in Betracht: 19, 20, 38 B-D, 39, 40.

2. Entfaltung

Für Erwachsene ist eine Osternachtsliturgie eine sinnenfällige Erfahrung: in den dunklen Kirchenraum, in dem noch Todes- und Karfreitagsstille herrscht, wird die Osterkerze getragen. An ihr entzünden sich alle Lichter, die die Menschen mitbrachten, bzw. nun selbst werden!

Für Kinder schwebt mir folgende Entwicklung vor: Jeden Tag sehen wir die Sonne. Sie ist ein Bild des göttlichen Lichts 19. Aber oft ist es dunkel, kalt. Ich sehne mich nach Licht und Wärme. Jeder Mensch hat solche Sehnsüchte. In einem gemeinsamen Gebet drücken wir das aus 20. In der Osternacht geht uns Christi Licht der Hoffnung, der Ermutigung auf 38. Jesus, Gottes Sonne, lädt uns ein, selbst Licht in dieser Welt zu werden 38 B-D. In Gebeten und Meditationen 40 können diese Erfahrungen Gestalt annehmen. Ein Text von Tagore 39 bildet den Refrain zu einem ermutigenden Abschlußgebet, das in der Vorbereitungsgruppe entsteht.

3. Zielgedanke

Licht und Wärme sind Symbole für eine Welt voller Vertrauen und Liebe. Zu Ostern werden diese Ideen in uns geboren. Gott schenkt sich seiner Menschheit als Licht, Leben, Wärme, Vertrauen.

4. Aufbau

– Die Himmel erzählen die Ehre Gottes, Psalmgebet 19
– Was ist, wenn die Sonne nicht scheint?
  Wo scheint sie nicht? – Rundgespräch in der Gruppe
– Ich habe Hunger, gemeinsames Gebet 20
– Wir hören einen der Ostertexte der Bibel
– Ich bin, Bilder der Bibel 38 B-D fassen diesen Bericht zusammen
– Ausdeutung
– Lichterliturgie: Auswahl aus 40
– Eines Tages, Zwischengebet 39, von der Gruppe wiederholend gebetet, dazwischen Fürbitten, die in der Gruppe entstanden und nun von einzelnen eingebracht werden.
– Stille
– Solange die Sonne steht, Kanon 14
– Segen

Wasser

42 DURST

Eine Geschichte aus dem Alten Testament

Das Volk Gottes zog durch die Wüste. Es hatte Durst. Aber es gab kein Wasser. Da meuterte das Volk und schrie Mose an:Warum hast du uns aus Ägypten herausgelockt, uns und unsere Kinder, hierher in die Wüste? Nur damit wir und unser Vieh elend verdursten?“

Da redete Gott mit Mose und sagte ihm: „Nimm den Stab, mit dem du am Nil auf das Wasser schlugst und geh zum Felsen am Berge Horeb. Ich werde dort auf dich warten und bei dir sein. Schlage dann mit dem Stab auf den Felsen. Wasser wird aus ihm hervorbrechen. Die Menschen und das Vieh werden trinken können!“

So geschah es. Mose und das Volk zogen zum Felsen am Berg Horeb. Mose schlug mit dem Stab auf den Felsen. Wasser brach hervor. Alle, Mensch und Vieh, konnten ihren Durst stillen.

Das tat Mose vor den Augen der übrigen Anführer des Volkes Israel. Den Ort, an dem dies geschah, nannte Mose „Probe und Streit“. „Denn“, so sagte er, „die Israeliten haben Streit begonnen und Gott auf die Probe gestellt, indem sie fragten 'Ist nun Gott in unserer Mitte oder nicht?'“

nach Exodus 17,3-7

43 ALLES LEBEN KOMMT AUS DEM WASSER

Ein Lied zum Mitmachen

2. Die Saurier, die Echsen,
der große Wal,
die Schlangen, die Schleichen, –
ich sing's nochmal:

3. Die Wälder, die Blumen,
der kleine Strauch,
die Gräser und Bäume
und Ameisen auch:

4. Die Bienen, die Vögel,
die Maus, die Kuh,
der Löwe, der Tiger,
das Känguruh:

5. Die Affen, die Menschen, –
da staunst du sehr:
Aus Wasser wächst Leben,
aus Quellen und Meer!

6. Gott selbst ruft das Wasser.
Er ruft's durch sein Wort –
und schafft alles Leben
an jedem Ort.

44 SPIELIDEE zum Lied

Bevor ihr dieses Kreislied singt und spielt, macht aus, wer welche Rolle übernimmt! Wer wird Hering, Krebs usw? Überlegt euch typische Bewegungen, mit denen ihr eure Rolle darstellen wollt. So macht es auch mit den übrigen Dingen, den Bäumen, Blumen. Bei jedem Vers treten Wesen dieses Verses in die Kreismitte und spielen ihre Bewegungen. Redet anschließend über eure Erfahrungen im großen Kreis! Was brachte Schwierigkeiten, was Spaß?

45 WIE SONNE, MOND UND STERNE AN DEN HIMMEL KAMEN

Afrikanische Fabel

Früher, ganz früher, war alles anders. Sonne, Mond und Sterne wohnten auch auf der Erde und hatten hier ihr festes Haus. Der Sonnenmann war sehr befreundet mit dem Flußgott und besuchte ihn alle Morgen. Aber eines Tages sagte er: „Das geht nicht, Flußgott! Ich besuche dich und deine Familie täglich – und du hast mich noch nie besucht! Ich habe mit meiner Frau gesprochen. Wir werden ein Fest vorbereiten. Du bist eingeladen. Du mußt endlich auch einmal zu mir kommen!"

Der Flußgott sagte: „Ich habe eine große Familie, das wird schwierig!" – „Nein", antwortete der Sonnengott,das macht nichts! Wir werden alles gut vorbereiten. Du mußt kommen. Meine Frau ist sonst beleidigt!"

So machte sich der Flußgott mit seiner Frau, dem Meer, und mit all seinen Kindern den Flüssen, Bächen und Quellen auf den Weg. Flußpferd und Krokodil kamen auch mit.

Sie alle gelangten zum Hause des Sonnengottes. Der Flußgott setzte einen Fuß in das Haus des Sonnengottes und sagte: „Sonnengott, es ist besser, wir kehren um; wir sind so viele!" – „Nein", sagte der Sonnengott, kommt nur herein! Wir haben alles vorbereitet." Seine Frau, der Mond, und seine Kinder, die Sterne, begannen zu singen: „Agalidula ada!"

Da setzte der Flußgott seinen zweiten Fuß in das Haus, und alle kleinen Flüsse und Quellen und das Meer kamen. Und das Krokodil und alle Wassertiere kamen auch. Das Wasser stieg den Sternen bis zur Brust. Aber sie streckten sich und sangen weiter: „Agalidula ada!" Da kamen immer mehr Wasserwesen hereingeströmt. Das Wasser stieg höher und höher im Haus. Die Sterne mußten ihren Hals immer länger strekken, länger und länger und länger, bis ihre Köpfe ganz oben waren. Aber sie sangen und sangen immer wieder: „Agadigula ada! Agadigula ada! Agadigula ada!"

Seit dieser Zeit, seit diesem Besuch, sind die Sterne, der Mond und die Sonne ganz oben am Himmel!

Omotajo Seriki, Nigeria, nacherzählt

46

IM ANFANG

Aus einer biblischen Schöpfungserzählung

Im Anfang schuf Gott Himmel und Erde. Die Erde war wüst und leer. Finsternis lag auf der Urflut, und der Geist Gottes schwebte über den Wassern.

Da sprach Gott: „Es werde Licht!" Und es wurde Licht. Gott sah, daß das Licht gut war, und er schied das Licht von der Finsternis. Gott nannte das Licht Tag und die Finsternis Nacht. Es wurde Abend, es wurde Morgen: ein erster Tag!

Gott sprach: „Es werde ein festes Gebilde mitten in der Urflut. Dieses Gebilde trenne die Wasser!" So geschah es. Gott ordnete das Chaos und trennte die Wasser in die Wasser in der Höhe und in die Wasser in der Tiefe. Gott nannte das Gebilde, das er geschaffen hatte, Himmel. Es wurde Abend, es wurde Morgen: ein zweiter Tag!

Gott sprach: „Das Wasser, das durch Himmel und Erde läuft, sammle sich an einem Ort! Das Trockene soll sichtbar werden!" So geschah es. Gott nannte das Trockene Land und die Sammlung der Wasser Meer. Und Gott sah, daß es gut war.

Gott sprach: „Die Erde soll Kräuter hervorbringen, die Samen tragen, Bäume, die Früchte bringen und mit den Früchten Samen werfen. Die Erde soll grünen und blühen!" So geschah es. Verschiedene Pflanzen und Bäume wuchsen und vermehrten sich. Gott sah, daß es gut war. Es wurde Abend, es wurde Morgen: ein dritter Tag!

nach Genesis 1, 1-12

47 ICH WASCH MICH NICHT

Ein Spaß- und Spiellied

2. Was soll das viele Waschen nur –
   hat keinen Zweck!
   Ich kriege meinen Dreckspeckrand
   bestimmt nicht weg!

Refrain I (wie in Notengrafik)

3. Doch heute muß das Badewasser
   endlich sein!
   Die Mutter gibt nicht Ruhe:
   „In die Wanne rein!"

Refrain I

4. Ich stehe vor der Wanne.
„In das Wasser, los!"
Der Wasserhahn wird aufgedreht:
Ich bin groß!

Refrain II Ich wasch mich doch,
ich wasch mich doch!
Das hab ich manchmal gern!
Ich wasch mich doch,
ich wasch mich doch!
Beim Planschen seh ich Stern'!

5. Ich schrubbe meine Arme,
Beine und den Po.
Hab ich mich abgerubbelt,
bin ich froh!

Refrain II

6. Jetzt wird der Kopf gewaschen.
das muß sein!
Doch gehe ich – das sag ich euch –
nie wieder rein!

Refrain I

48 SPASS IM WASSER

Ideen zum Spielen im Wasser

Ob im Urlaub oder in der Freizeit zu Hause, – immer macht das Spielen im Wasser Spaß. Hier vier Anregungen. Erfindet selbst weitere Spiele im Wasser!

– Wir stellen uns im Wasser auf, das bis zum Bauchnabel oder höher reicht. Wir bauen eine Pyramide! Niemand tut sich weh, wenn sie umkippt....

– Wir spielen im Wasser 'Rutsche'! – Paarweise sich aufstellen und Hände überkreuz fassen. Paar steht neben Paar, sehr eng. Jemand legt sich auf die gekreuzten Hände und wird weitergehebelt, bis er die Schlange durchlaufen hat. Sein Partner folgt. Beide stellen sich danach wieder mit gekreuzten Händen auf. Alle durchlaufen das Spiel, immer weiter, bis die Lust vergeht. Es darf gespritzt werden. Großen und kleinen Leuten nimmt dieses Spiel die Angst vorm Wasser und schenkt Vertrauen in der Gruppe. Wenn jemand abgleitet, fällt er nur ins Wasser!
– Einer stellt oder setzt sich auf die Schultern des anderen. Nun starten Hahnenkämpfe im Wasser! Wenn jemand herunterfällt, gibt's ein Riesengeplansche!
– Wir stehen im Kreis im halbhohen oder seichten Wasser. Wir spielen Wasserball als Volleyball. Der Wasserball wird mit den Fingerspitzen oder den Handflächen im Kreis hin- und hergestoßen. Wie gut hier das Hechten klappt!

49 WASSER FÜHLEN

Fühlideen

Stellt eine Schüssel mit Wasser auf, zu dritt oder zu zweit.
– Jeder hält seine Hände, setzt seine Füße ins Wasser. Was fühlt ihr, wenn das Wasser kalt, wenn es warm ist? Wie ergeht es den Händen, wie den Füßen?
– Was fühlt ihr, wenn Wasser (kalt, warm) ins Gesicht gespritzt wird? Bei eisig kaltem Wetter, in brütender Hitze in der Sonne?
– Beschreibt, wie es euch unter einer heißen, unter einer kalten Dusche zumute ist!
– Unter dem Wasserschlauch im Sommer im Garten!
– In der Badeanstalt!

50 WASSER

Spielideen

Wasser hat seit eh und je den Menschen zum Nachdenken, zum Spielen, zum Ausprobieren der Wasserkraft gereizt. Hier nur einige Spielideen:

– Sucht Gläser oder/und Flaschen: Füllt die Behälter mit unterschiedlichen Mengen an Wasser. Nun könnt ihr Musik erzeugen. Spielt eine Melodie, bildet ein Wasserglas-Orchester!

– Baut eine Wassertreppe aus Steinen oder Holz in einem Garten mit einer Regentonne oder einem Teich! Durch eine Umwälzpumpe kann man dieses Wasser zum Fließen bringen! Oder findet ihr noch einen natürlichen Bach? Baut euch im Garten eine künstliche Fließwasserstraße (Folie unterlegen, da sonst zuviel Wasser versickert.)!

– Baut ein Wasserrad an einer schmalen Stelle des Baches, wo das Wasser schnell fließt (Gefälle!). Zwei Astgabeln werden in die Erde gerammt, eine Welle wird in die Astgabeln gelegt. Diese Welle habt ihr vorher mit Schaufeln bestückt. (Kleine Löcher in die Welle bohren, kleine Schaufeln schnitzen und in die Löcher stecken!) Was kann ein Wasserrad alles bewegen?

– Schnitzt kleine oder große Boote und veranstaltet einen Bootswettbewerb im Bach! Welches Boot kommt als erstes ans Ziel?

– Faltet Papierboote! Welches schwimmt am längsten in einem Fluß, welches kommt am schnellsten unter einer Brücke hervor? Beobachtet, wie ein Papierboot in einen Strudel gerät und sich um sich selbst dreht!

51 WASSER – Element des Lebens

Beobachtungaufgaben

Ohne Wasser gibt es kein Leben. Nichts kann auf dieser Erde ohne Wasser wachsen. Hier einige Beobachtungsaufgaben!

– Sucht euch ein Stück trockenen Lehm! Benetzt ihn mit Wasser! Was geschieht?
– Löst ein Stück Erde in Wasser auf! Was seht ihr?
– Stellt eine Pflanze mit Wurzeln ins Wasser! Wie entwickelt sich das Wurzelwerk?
– Stellt eine Schnittblume ins Wasser! Wißt ihr, warum man eine Schnittblume neu anschneidet, wenn sie schon einige Zeit im Wasser steht?
– Legt eine Bohne in ein Glas mit Wasser! Beobachtet, wie sie keimt!

52

REGNE, WASSER, REGNE

Ein Spiellied

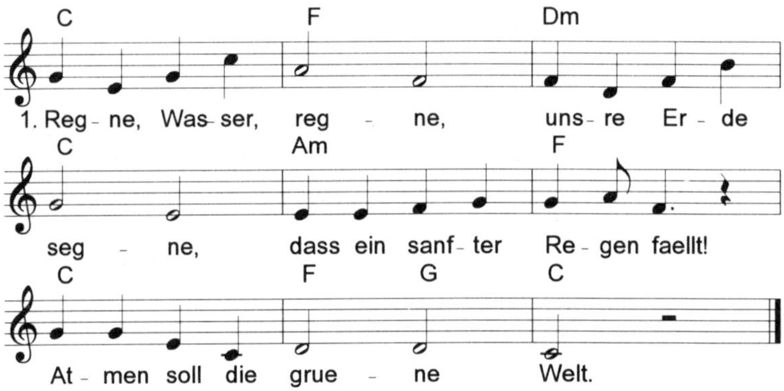

2. Regne, Wasser, regne,
   unsre Erde segne!
   Füll die Flüsse und den Teich!
   Leben sollen Fisch und Laich.

3. Regne Wasser, regne,
   unsre Erde segne,
   daß aus Quell und Brunnen fließt
   Wasser, das man gern genießt!

   Vers 4 wie Vers 1

53

SPIELIDEEN zum Lied

Ein Kreislied

Wir stehen im Kreis und fassen uns an den Händen.

1. Vers: Alle heben die Hände, fühlen den Regen und nehmen ihn dankbar auf.
2. Vers: Alle gehen zur Mitte, bilden mit erhobenen Händen eine Krone. Der Segen wird empfangen.
3. Vers: Wir halten weiter mit erhobenen Händen die Segenskrone fest. Wir gehen im engen Kreis in die Runde, einer hält nun die Hand des anderen.
4. Vers: Wir treten zurück in den großen Kreis, halten uns weiter an den Händen und wandern zunächst rechts herum, ab Versmitte links herum!

54 ICH BIN EIN WASSERTROPFEN

Eine Aktion

Ein Mikroskop muß her. Ein einzelner Wassertropfen wird aufs Schauglas gelegt, zunächst ein Tropfen aus dem Wasserhahn, dann aus einem Brunnen (wenn vorhanden), aus einem Regenbassin, aus einem Teich, aus einem in der Nähe fließenden Bach, aus dem Fluß. Beobachtet, was ihr auf den verschiedenen Schaugläsern seht! Berichtet in der Runde darüber!
Es geht auch ohne Mikroskop. Nehmt einfach einen Glasdiarahmen und tröpfelt darauf die verschiedenen Wassertropfen. Schiebt die Rähmchen gleich in den Projektor. Merkt euch, was ihr seht! Verschließt die Dias fest und laßt sie einige Tage liegen!
Dann kommen sie erneut in den Projektor: Ihr werdet über die Entwicklungen erstaunt sein! Übrigens dürfen die Wassertropfen auf den Diarähmchen größer sein. Ihr möchtet ja nach einigen Tagen etwas vom Wassertropfen übrig behalten! Die Ränder fest verschließen!

55 WASSER

Informationen

Wasser ist das Lebensmittel Nr. 1. Dreiviertel der Erdoberfläche sind mit Wasser bedeckt, aber nur 8% des Wasservorrates der Erde sind Süß- und damit Trinkwasser. Unser Grundwasser, das Wasser, das tief in der Erde fließt und in Quellen und Brunnen ans Tageslicht kommt, ist das ideale Trinkwasser. Es ist aber immer mehr gefährdet. Große Mengen von Schadstoffen aus den Abwässern der Industrie und der Haushalte gelangen ins Grundwasser. Hochgiftige Stoffe entstehen in der Industrie. Man weiß nicht, wohin damit, also kippt man sie ins Meer! Auch das Wasser, das in den Flüssen und Bächen fließt, wird durch diese Schadstoffe immer mehr verunreinigt.
Wir normalen Bürger verunreinigen das Wasser durch den Straßenverkehr, z. B. durch Streusalze oder durch herausfließendes Benzin und Tropfen von Öl. Die Landwirtschaft bringt zuviel Düngemittel und Jauche auf Wiesen und Felder. Die Düngestoffe, die nicht von den Pflanzen verbraucht werden und Salze (Nitrate) sickern in den Boden und dringen ins Grundwasser ein. Das wird dadurch unbrauchbar, ja sogar giftig!

Der Mensch braucht Wasser zum Leben. Ohne Wasser hält er nur wenige Tage aus, dann vertrocknet der Körper. Aufs Essen kann der Mensch wesentlich länger verzichten. Er ernährt sich von dem Fett, das in seinem Körper vorhanden ist.

Um Wasser trinken zu können, muß dieses sauber sein. Wir brauchen Trinkwasser! Um Trinkwasser herzustellen, gibt es zwei Möglichkeiten:

– die natürliche Reinigung: der Erdboden wird zum Filter für das Wasser, oder Mikroorganismen, die im Wasser leben, säubern es;
– die künstliche Reinigung: der Mensch baut Filteranlagen in großen Wasserwerken, in denen er das Wasser sammelt, reinigt und in die Haushalte und Fabriken weiterleitet. Das ist allerdings umständlich und teuer – und kein umfassender Ersatz für die natürliche Reinigung.

56 WASSER

Untersuchungen

– Füllt ein Glasbecken, so daß ihr das Wasser sehen könnt, mit reinem Trinkwasser aus der Wasserleitung! Schöpft mit einer Kelle Wasser in Trinkgläser und probiert, wie es schmeckt!

– Habt ihr in eurer Nähe noch einen Brunnen (vielleicht sogar mit Pumpe), dessen Wasser zum Trinken zugelassen ist? Probiert auch dieses Wasser!

– Und nun die Geschmacksprobe mit Mineralwasser! Der Verbrauch an Mineralwasser steigt ständig! Den Leuten schmeckt einfach das „Trinkwasser“ nicht mehr! Wißt ihr, welche amtlich genehmigte Wasserqualität euer Trinkwasser hat? Erkundigt euch!

– Füllt in das Glasbecken mit Trinkwasser einen Klumpen Dreck! Was passiert? Kann man das Wasser noch trinken?

– Für die Größeren unter euch: Wieviel Tropfen Öl sind nötig, um 1 Liter Wasser so zu verseuchen, daß dieses Wasser als Trinkwasser ungenießbar wird?

– Schätzt und prüft nach, wieviel Trinkwasser eine Toilettenspülung verbraucht!

– Haltet feine Siebe oder gröbere Käscher in einen Bach! Untersucht, was ihr aufgefangen habt! Schmutz? Abfall? Lebewesen? Lebewesen zeigen an, daß das Wasser noch einigermaßen gesund ist! Versucht, die Tiere zu bestimmen!

– Fangt Regenwasser in zwei Einmachgläsern auf! Stellt das eine Glas in die Sonne, das andere ins Dunkle! Was entwickelt sich jeweils?

– Füllt einen Eimer oder eine Wanne mit Wasser und werft verschiedene Materialien hinein! Prüft diese Materialien auf Sinkbarkeit oder Unsinkbarkeit!

57 WASSER

Aktionen

- Besucht ein Wasserwerk in eurer Nähe! Laßt euch erklären, wie in diesem Wasserwerk das Wasser gesammelt, gereinigt und weitergeleitet wird!

- Jeder Landkreis/jede Stadt hat ein Wasserwirtschaftsamt. Die Leute dort achten darauf, daß dem Wasser möglichst wenig Schlimmes geschieht. Hier kann man sich auch melden, wenn man eine Gewässerverunreinigung bemerkt hat.
  In unserem Lande gelten strenge Wassergesetze. Aber viele Leute halten sich nicht daran. Bittet einen Vertreter des Wasserwirtschaftsamtes zu euch und laßt euch von ihm zum Gewässerschutz erzählen.

58 WAS ICH SELBST FÜR DEN GEWÄSSERSCHUTZ TUN KANN

Beispiele

- Werft keine festen Abfälle (Wattestäbchen, Binden, Zigarettenkippen) in die Toilette. Sie verstopfen die Kanalisation und müssen mühsam wieder entfernt werden!

- Kippt Medikamente nicht in den Ausguß! Sie sind oft sehr umweltschädlich. Bringt ungenutze Medikamente in die Apotheke zurück!

- Geht mit Reinigungs- und Putzmitteln sparsam um! Sie enthalten meistens umweltbelastende Stoffe.

- Garten- und Küchenabfälle gehören auf den Komposthaufen. Falls kein Komposthaufen vorhanden ist, legt einen an! Auch Öl- und Margarinereste gehören auf den Kompost!

- Benutzt möglichst nur Umweltpapier, z. B. als Toilettenpapier. Es wird nicht gebleicht. Unsere Gewässer werden weniger belastet.

59 WENN'S MORGEN KEIN WASSER MEHR GIBT

Ein Spiellied

2. Wenn morgen kein Brunnen mehr fließt –
ja, wo kommt's Trinkwasser her?
Die Städte verdursten im Staube
und werden öde und leer!
Gieße, Brunnen, gieße!
Regne, Wasser, regne!

3. Wenn morgen kein Schnee mehr fällt,
zerschmelzen Gletscher und Eis.
Gebirge, Felder und Hänge,
sie werden nun nie mehr weiß!
Schneie, Schnee, ja schneie!
Gieße, Brunnen, gieße ...

4. Wenn morgen kein Fluß mehr fließt,
werden Land und Leute krank,
und schlimmer noch als heute
entsteht im Tale Gestank!
Fließe, Fluß, ja fließe!
Schneie, Schnee, ja schneie ...

5. Weil Gott unsre Erde liebt,
schenkt er den Regen her
und Quellen und Bäche und Flüsse
und alles Wasser im Meer!
Segne, Gott, ja segne!
Fließe, Fluß, ja fließe ...
Regne, Wasser, regne!
Segne, Gott, ja segne! (2x)

Wiederholung von Vers 1 und
dem vollständigen Refrain!

60 SPIELIDEE zum Lied

Kreis- oder Gruppenlied. Die einzelnen, sich wiederholenden Teile des Refrains, der sich nach und nach aufbaut, werden mit Handbewegungen gespielt. Bei den Strophen fassen sich die Kinder an den Händen und gehen im Kreis.

Regne, Wasser, regne: Die erhobenen Hände langsam nach unten nehmen. Mit Fingerbewegungen ahmen wir das Herunterfließen des Regens nach.

Gieße, Brunnen, gieße: Ein Wasserschwall fließt aus einer Röhre. Ich fange diesen Schwall mit meinen Händen über meinem Kopf auf.

Schneie, Schnee, ja schneie: Kleine Flöckchen fallen. Mit den Fingerspitzen fangen wir einzelne Schneeflocken auf und halten sie fest. Wir können auch Flocken auf der Zunge zergehen lassen.

Fließe, Fluß, ja fließe: Wellenbewegungen von links nach rechts und zurück. Das Strömen der Wellen wird mit dem ganzen Körper nachgeahmt.

Segne, Gott, ja segne! Die Hände sind nach oben erhoben, die Handflächen geöffnet. So empfangen wir den Segen Gottes.

Diese Bewegungen können auch in einer Großgruppe vollzogen werden.

61 EINE SCHLICHTE WASSERLACHE

Ein Wort eines Christen aus Mittelamerika

Eine schlichte Wasserlache
möchte ich sein
und den Himmel spiegeln!

Dom Helder Camara

62 WIE SICH SONNE UND MOND

Ein Wort eines Christen aus Indien

Wie sich Sonne und Mond
nicht im trüben Gewässer widerspiegeln können,
so kann sich der Allmächtige
nicht in einem Herzen widerspiegeln,
das nur von der Idee des „Ich und Mein“ getrübt ist!

Sri Ramakrishna (1834 - 1886)

63 DIE QUELLE

Eine Fabel aus Afrika

Einmal kam eine große Trockenheit über die Erde. Die Erde jammerte und weinte. Alle Pflanzen schrien: „Wasser! Wasser!“ Aber kein Regen fiel. Zuerst vertrocknete das Gras. Dann starben Büsche und Sträucher.

Die Flüsse und Bäche wurden zu kleinen Rinnsalen. Schließlich verdursteten sie im Sand. Kein Regen weit und breit. Selbst der Tau der Morgenfrühe fiel nicht. Nun starben auch die Bäume. Die Teiche trockneten aus. Quellen und Brunnen versiegten. Alles wurde zur Wüste.

Irgendwo am Wegrand stand noch eine kleine Blume. Sie leuchtete immer noch. Immer noch grünten ihre Blätter. Denn unter den Wurzeln der Blume floß unsichtbar die letzte kleine Quelle. Die gab der Blume Wasser, alle Kraft.

Aber die Quelle war unglücklich, verzweifelt. „Was soll's?“ sagte sie. „Nichts hat mehr Sinn. Ich bin die letzte Quelle, die fließt. Morgen werde auch ich versiegen.“

Die Blume hörte, was die Quelle klagte. „Falsch!“ sagte sie. „Schau mich an. Siehst du nicht, wie ich grüne und blühe? Reicht das nicht? Niemand erwartet von dir, daß du die ganze Wüste vor dem Verdursten rettest. Aber du rettest mir das Leben! Ist das nicht genug?“

64

TONI, TONI TUNICHGUT II

Ein Spiellied zum Thema „WASSER“

2. Zwei Stunden duschen – das ist doch klar!
Na, hör mal mein Freund, Trinkwasser ist rar! –
Da lächelt der Toni: „Na ja, – und wenn?
Und überhaupt – ja, trinke ich denn?“

3. Und nun die Story, die im Badezimmer läuft,
wo der Toni fast in der Wanne ersäuft:
„Hör auf“ , ruft der Toni zum Wasser, „es reicht!“
Doch das Wasser, es steigt und steigt und steigt...

4. Es kommt durch die Decke – das ist kein Spaß:
die ganze Wohnung ist pitschepatschenaß!
Das Wasser, es läuft und läuft und läuft
und hätte den Toni bald ersäuft!

65 SPIELIDEEN zum Lied

Pantomime-Lied

Zunächst wie unter 30! Aber es gibt weitere Anregungen: Spielt das Lied als Pantomime nach!

Welche Personen und Begriffe braucht ihr, wie könnt ihr sie darstellen?

– Die Badewanne! Sie formt sich aus mehreren Personen. Habt ihr schon eine Idee, wie ihr die Wanne darstellen könnt?

– Der Wasserhahn, aus dem das Wasser herausläuft!

– Das Wasser selbst, das immer höher steigt und überläuft. Vielleicht kann das Wasser wieder von mehreren Personen gespielt werden?

– Die Wohnung, die unter dem Wasserschwall leidet!

– Toni selbst, der so selbstsicher agiert und dann in Panik gerät!

– Ob ihr auch das Klosett gestalten möchtet?

Paßt auf, daß nicht alles zu einem wüsten Kuddelmuddel gerät. Ihr müßt sorgfältig jede Szene planen, durchdenken und proben!

Natürlich könnt ihr diese Wasserszene auch zu einem richtigen kleinen Theaterstück weiterentwickeln. Ich bin gespannt, was das Klosett dazu sagt, daß täglich soviel reines Trinkwasser zum Säubern hindurchgespült wird! Vielleicht möchte die Toilette gereinigt werden, aber nicht mit Trinkwasser?

66 WASSER IN DER BIBEL

Hinweise

In der Bibel wird das Bild vom Wasser hundertfach gebraucht. Wasser ist das Urelement aller Schöpfung (Genesis 1, 2). Als Urmeer ist es mit dem bedrohlichen, das Leben vernichtenden Chaos gleichzusetzen. Aber so wie Gott Israel sicher durch die Fluten bringt (Exodus 14), so ist er auch Herr des Urmeers und damit des Kosmos: 46.

Wasser wird zum Bild für Heil und Segen. Das Volk Gottes ist ganz vom Wasser abhängig, wie wir bis heute! Und Gott schenkt diesen Segen des Wassers, wider alles Erwarten und auch ohne jede Vorleistung: 44. Gott bringt seine Menschen zum „frischen Wasser" (Psalm 1, 13). Fließendes Quellwasser wird zum Zeichen für Gottes lebenspendende Kraft, für Gott selbst (Jeremia 2, 13; 17, 13).

Das Neue Testament nimmt diese Bilder auf und führt sie weiter. Jesus bezeichnet sich im Johannesevangelium als lebendiges Wasser (Johannes 4, 14). Durch die Taufe mit Wasser tritt der Mensch in ein besonders Verhältnis zu dem, auf dessen Namen er getauft wurde (1. Korinther 12, 13).

Wasser hat deutlich eine reinigende Kraft. Jesus wäscht seinen Jüngern die Füße, eine Arbeit, die nur niedrige Sklaven taten. Durch Jesu Beispiel erhält diese Tat eine symbolische Bedeutung: Christen können auf Machtstreben verzichten (Johannes 13, 4-17), ein Grundmuster unseres Lebens und Glaubens: Gott wäscht der Welt die Füße! Warum sollten wir diese diakonische Erfahrung nicht weitergeben?

67 WENN ICH, EUER HERR UND MEISTER

Ein Wort Jesu

Wenn ich, euer Herr und Meister,
euch die Füße gewaschen habe,
sollt auch ihr einander die Füße waschen!

Johannes 13, 14

68 VATER IM HIMMEL

Ein Gebet

Vater im Himmel,
als Johannes am Jordan taufte,
sagte er den Menschen dein Wort.
Sie sollten umkehren zu dir
und neu mit dir beginnen.
Die Taufe sollte dafür ein Zeichen sein.

Als Jesus aus Nazareth sich am Jordan
taufen ließ,
kam dein Geist in deinem Wort zu ihm.
Jesus hörte, wie du sagtest:
„Du bist mein lieber Sohn!"

Wenn wir uns taufen lassen,
kommst du in deinem Sohn Jesus Christus
zu uns, der uns den Weg zum Leben zeigt.

Du schenkst uns deinen Heiligen Geist,
der uns vor dir und den Menschen vertritt.

Guter Gott,
in der Taufe schenkst du uns das Leben.
Du liebst uns.
Wir dürfen dir vertrauen
als deine Kinder. Amen.

69

WASSER, WASSER, WASSER, WASSER

Ein Tauflied

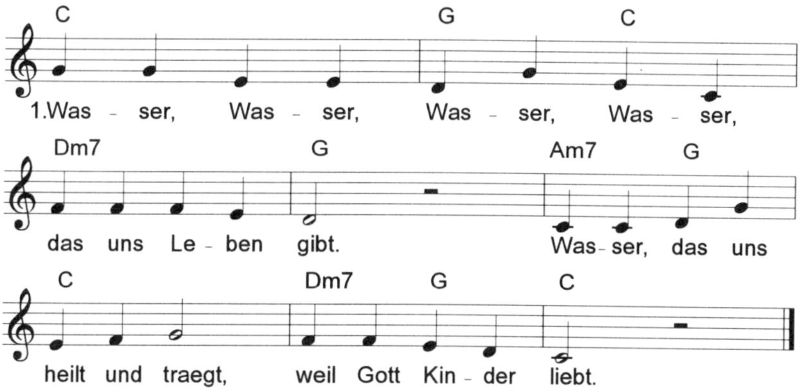

2. Wasser, Wasser, Wasser, Wasser.
Gottes gute Flut,
Wasser, das uns Segen schenkt!
Ich krieg neuen Mut.

3. Wasser, Wasser, Wasser, Wasser!
Ich bin eingetaucht,
und ich glaube und vertrau,
daß mein Gott mich braucht!

4. Wasser, Wasser, Wasser, Wasser!
Ja, ich lebe nun
und ich werde, was Gott sagt,
hören und auch tun.

5. Wasser, Wasser, Wasser, Wasser!
Glaubt, was Gott verheißt:
„Ich bin's, der euch Menschen liebt,
Vater, Sohn und Geist!"

6. Wasser, Wasser, Wasser, Wasser!
Du und ich und wir
sind vereint zur Kirche nun.
Gott, wir danken dir!

7. Wasser, Wasser, Wasser, Wasser,
das uns Leben gibt!
Wasser, das uns heilt und trägt,
weil Gott Menschen liebt!

70 WASSER
Gestaltungs-, Feier- und Liturgie-Ideen

Gestaltungsideen

WASSER - WASSER DES LEBENS - MEINE TAUFE

1. Einheit
Wir fühlen Wasser. Ein Stuhlkreis wird gebildet – in der Mitte eine Schüssel mit lauwarmem Wasser – Fühlideen, wie sie unter 49 beschrieben wurden. Freies Gespräch.

2. Einheit
Erlebnisse mit Wasser, z.B. aus dem Sportunterricht, werden in der Gruppe bewußtgemacht: 48, 50. Freude am Wasser – Ideen! Wasser ist lebenspendend, aber auch bedrohend. Die afrikanische Fabel 45 wird vorgestellt. Anschließend Rundgespräch.

3. Einheit
Erlebnisse mit Wasser aufschreiben oder malen. Malvorgänge am besten nach 15 und 34 A. Im großen Rund werden die gemalten Bilder und die aufgeschriebenen Geschichten vorgestellt und besprochen.

4. Einheit
Die Geschichte 'Durst' 42 wird erzählt und besprochen. Gott ist Retter und Spender des Lebens, indem er in der Wüste Wasser schenkt. Der Symbolcharakter dieser Geschichte wird herausgearbeitet (vgl. auch 66 !). Alle Kinder erhalten ein Glas Wasser, trinken – und beschreiben ihre Gefühle.

5. Einheit
„Wie ich eine/meine Taufe erlebte!" Stuhlkreis, Berichte der Kinder, anschließend Rundgespräch. Gemeinsames Erarbeiten: Die Taufe wird zum Bild für Gottes Leben in uns, unter uns. Das Gebet 68 und das Tauflied 69 dienen als biblische Konkretion. Das Lied wird eingeübt. Rundgespräch über beide Bausteine.

6. Einheit
Aufgabe: „Ich formuliere ein Gebet, das sich auf meine Taufe und auf mein Leben aus der Taufe bezieht." Wir formulieren es gemeinsam und formen es zum Tafelbild aus. Ältere Kinder formulieren ihre Taufgebete selbständig. Wer sein Taufgebet mit uns beten möchte, ist dazu eingeladen oder heftet sein Taufgebet an eine Lesewand. Das Tauflied 69 schließt diese Meditationsrunde ab.

Zielgedanke
Wasser ist ein allgemeines und biblisches Symbol des Lebens. Gott schenkt Leben aus und mit dem Wasser. Wasser ist lebens-not-wendig! Unsere Taufe ist dafür Zeichen und Hoffnung: Durch sie dürfen wir leben, hoffen, atmen, reden, handeln, denken, zur Gemeinde werden!

Feier- und Liturgie-Ideen

WASSER, EIN LEBENSELEMENT
Ein Gottesdienst zum Schöpfungsauftrag

1. Einstimmung
Die biblische Grundlage für diesen Gottesdienst stellt der Schöpfungsauftrag dar: Gott hat uns diese Erde anvertraut. Wir sollen sie bewahren, beschützen, bewachen, nicht ausbeuten und vernichten. Die Natur ist Partnerin des Menschen, nicht seine Sklavin (Genesis 1,28). Konkrete Hilfestellungen zur eigenen Verantwortung sollen nicht ausgelassen werden: 58.

2. Entfaltung
Wasser ist ein Lebenselement 43, ohne das nichts wächst. Ohne Wasser gibt es kein Leben: 46, 51. Die Lieder 43, 52, 59 stimmen ein. Durch das Einbeziehen der Spielideen zu diesen Liedern 44, 53, 60 erhält der Gottesdienst eine fröhliche, lebendige Farbe.
Die Beobachtungsaufgabe 51 kann als Dia-Meditation vorgestellt werden. Wir brauchen Wasser – und gehen doch so schlimm mit ihm um 55. Diese Aussage sollte nicht einfach als Behauptung dastehen. Vielmehr können Kinder aus ihren eigenen Erleben und von Experimenten berichten. Dabei soll eine deutliche Auswahl getroffen werden: 54, 57. Als Fürbitte können Elemente aus 58 umgeformt werden.
In einem überschaubaren Kreis (Gruppengottesdienst) kann man auch Kostproben von Trinkwasser verteilen: 56.

3. Zielgedanke
Gottes Schöpfung ist kostbar, lebenspendend, lebenerhaltend. Wir müssen sie schonen und retten, wenn wir selbst überleben wollen.

4. Aufbau
- Alles Leben kommt aus dem Wasser, Lied 43, mit den Spielideen 44 gestaltet
- Im Anfang, aus der biblischen Schöpfungserzählung 46
- Regne, Wasser, regne, Lied 52, mit den Spielideen 53 gestaltet
- Berichte über Gruppenarbeit und Meditation zum Thema 'Wasser' 51, 54, 55, 56, 57 (bitte auswählen!)
- Wenn's morgen kein Wasser mehr gibt, Lied 59, ebenfalls mit den Spielideen 60 gestaltet
- Wir trinken einen Schluck Wasser, Aktion 56
- „Was ich selbst für den Gewässerschutz tun kann“, zu Fürbitten umgeformt, 58
- Alles Leben kommt aus dem Wasser, Lied 43
- Segen

IST NICHT SCHON ALLES ZU SPÄT?
Gegen die Mutlosigkeit!

1. Einstimmung
Die ökologische Krise ist kein Hebel für eine neue, künstliche Hochkonjunktur der Religion. Bangemachen gilt nicht! Dennoch sollen und müssen Fakten und Erfahrungen aus dem Öko-Bereich im Gottesdienst aufklingen.

Ermutigender biblischer Hintergrund: Gott befreit: 42! Wenn er seine Menschen in Not, Unterdrückung, sklavischer Abhängigkeit sieht, steht er auf und führt heraus. Dies geschieht nicht automatisch. Gottes Gegenwart und Hilfe entwickeln sich so, daß Menschen Mut schöpfen und neu beginnen!

2. Entfaltung

Toni Tunichguts Wasserverschwendung 64 wird mit dem Sachbericht über den Wassernotstand 55 gekoppelt und durch Erfahrungen der Kinder ergänzt 54.

Zu einem in der Gruppe entstehenden Bußgebet kann der Meditationstext von Sri Ramakrishna 62 den Refrain bilden, den die Gemeinde mehrfach gemeinsam betet.

Ein meditativer Text aus der Vorbereitungsgruppe oder auch eine spontane Gruppenüberlegung soll die Resignation, ja Krise beschreiben: „Was kann ich einfacher Bürger denn schon erreichen – überhaupt tun?" Die Antwort gibt die Geschichte „Die Quelle" 63, eine Schlüsselgeschichte!

Eine weitere Meditation will diese Hoffnung aufnehmen – mit dem 1. Gebot (Exodus 20,2). Der befreiende Gott fordert zu befreienden Aktionen und zu persönlichem Handeln heraus 54, 57, 58. Oder sollten etwa die modernen Strukturen mächtiger als die alten Ägypter sein, mächtiger als der befreiende Gott? Die Israeliten, soeben aus der Knechtschaft befreit, mußten deutlich feststellen, wie schwer Freiheit zu leben ist 42. Aber ohne den täglichen Kampf um die Befreiung geht es nicht! Das Tauflied 69 kann ermutigen und zum Tun herausfordern. Gott selbst schenkt die Befreiung, die wir täglich üben sollen.

Die unter 57, 58 herauszuschälenden positiven Erfahrungen sollten als Dokumentation aufbereitet werden (Diaschau, Folienmalerei, Wandzeitung, auf jeden Fall: Visualisierung).

Als Liedgut bieten sich 43, 64, 69 an.

3. Zielgedanke

Wer sich dem befreienden Gott anvertraut, wird zum Tun des Guten gestärkt, auch in schwierigen Einzelfragen, z.B. in Sachen 'Gewässerschutz'!

4. Aufbau

- Toni Tunichgut II, Lied 64
- Ich bin ein Wassertropfen 54, 55
- Wie sich Sonne und Mond, Bußgebet aus der Gruppe, mit dem Refrain 62
- Ist nicht alles zu spät? – Gedanken und Meditation aus der Gruppe; von den Schwierigkeiten ökologischen Handelns!
- Durst, ein biblischer Bericht, wie schwierig Freiheit ist und wie doch Hoffnung lebt 42, hier auch Hinweis auf Exodus 20,3, das 1. Gebot)
- Alles Leben kommt aus dem Wasser, Lied 43
- Ich bin gemeint, ermutigende Anrede, die nicht in moralische Appelle ausufern darf
- Die Quelle, eine Fabel aus Afrika 63
- Was ich selbst für den Gewässerschutz tun kann, Berichte und Erfahrungen aus der Gruppe 58
- Wasser, Wasser, Wasser, Wasser, Lied 69

TAUFE UND TAUFERINNERUNG
Gott bindet sich an Menschen

1. Einstimmung

Für einen solchen Gottesdienst wird das Wasser zum Grundsymbol, das unserem Leben Zukunft schenkt. Biblische Erfahrungen und Bilder können aufklingen und die Tauferfahrung plastisch werden lassen: 66. Schönstes Sinnbild unserer eigenen Taufe ist eine Taufe im Gottesdienst, die liebevoll ausgestaltet werden kann.

2. Entfaltung

Für diesen Gottesdienst bringen die Hinweise in 66 und Erzählungen von Taufen und Einzelworte im NT biblisches Material (Mattthäus 3, 13-17 und 28, 18-20; Apostelgeschichte 8, 26-40; Römer 6, 1-12). Es kann ein Gottesdienst mit Taufe und Tauferinnerung werden. Das Gebet 68 nimmt das Thema auf. Das Lied 69 vertieft.

3. Zielgedanke

Gott steht zu seinen Menschen, durch Jesus, seinen Sohn. Dieser wurde bei der Taufe am Jordan untergetaucht, er ging vollends unter im Tod am Kreuz, um in der Auferstehung am dritten Tag zu endgültigem, neuem Leben aufzutauchen. Durch ihn kommt alles Leben zu uns, Gottes ermutigende und stärkende Kraft.

4. Aufbau

- Wasser in der Bibel, einige Hinweise 69
- Taufakt, Tauferinnerung
- Vater im Himmel, Gebet für alle 68
- Wasser, Wasser, Wasser, Wasser, Lied 69
- Segen

FUSSWASCHUNG
Eine Wasser-Liturgie in der Gruppe

1. Einstimmung

Eine Fußwaschung 66, 67 erinnert: Die Taufe verbindet uns mit Gott. Die Fußwaschung symbolisiert unsere Aufgabe, dieser Welt zu dienen, einander zu helfen, uns Gutes zu tun und Gottes Liebe zu leben.

2. Entfaltung

Die Waschung sollte im kleinen Rahmen durchgeführt werden. Es gibt eine Reihe von organisatorischen Problemen, die aber keineswegs unüberwindlich sind. Wir benötigen

- Schüsseln mit warmem Wasser
- Badezusätze (am besten das altbewährte Fichtennadelbadesalz)
- Fußöl
- Handtücher
- Aufwischtücher (für den Fall, daß eine Schüssel umkippt)

In der Kindergruppe dürfen auch erwachsene Personen mitwirken, deren Ordnungsfunktionen aber nicht aufdringlich und zu bestimmend wirken sollen. Musik und Stille begleiten die Waschung. Am besten wäscht sich die gesamte Gruppe in einem Akt die Füße. Es müssen soviel Schüsseln vorhanden sein, dazu übrige Utensilien, daß je ein Paar sich die Füße waschen und sich gegenseitig bedienen kann. Sonst entstehen unnötige Wartezeiten, gefährliche, die Stimmung zerstörende Unruhe und Längen!

Wir nehmen ein richtiges Fußbad, das gern länger dauern darf! Wir wollen unseren Füßen, die soviel tragen müssen, etwas gönnen! Dabei wird die Fußwaschung durch eine anschließende Fußmassage ergänzt. Die Füße werden nach dem Fußbad in der Schüssel gestreichelt und geknetet und mit duftendem Fußöl eingerieben.

Die Fußwaschung sollte in die Texterzählung eingebunden werden. Alles ist vorbereitet. Die Kinder nehmen Platz. Stille. Hinführung zum Thema. Der Anfang der Fußwaschungsgeschichte wird erzählt (Johannes 13, 1 – 5). Die

Szene zwischen Jesus und Petrus kann durch ein vorbereitetes Spiel von Erwachsenen eingeblendet werden (13, 6 – 11). Nach der Waschung wird die Geschichte zu Ende erzählt (13, 12 – 17).

Im Anschluß daran erzählen sich die Kinder in der Gruppe gegenseitig, was sie fühlten, als ihnen die Füße gewaschen wurden, wie wohl ihnen Waschung und Salbung taten usw.

Als Lieder werden 43, 47, 69 vorgeschlagen.

3. Zielgedanke

Die Mitglieder der Gruppe sollen ganzheitlich erfahren, wie wohl Gott uns will und tut. Aus diesem Akt der Liebe Gottes an uns wächst unser Dienst untereinander. Wir werden stark, einander liebzuhaben und uns gegenseitig zu dienen!

4. Aufbau

– Ich wasch mich nicht, ein lustiges Einstiegslied 47
– Wasser in der Bibel, eine Information 66
– Alles Leben kommt aus dem Wasser, Lied 43
– Jesus wäscht den Jüngern die Füße, Erzählung und Einleitung der Fußwaschung (Johannes 13, 1-5)
– Nicht mit mir! – Biblisches Rollenspiel in der Gruppe, die Szene zwischen Jesus und Petrus (Johannes 13, 6-11)
– Fußwaschung
– Ein Beispiel! (Bericht aus Johannes 13, 12-17)
– Wasser, Wasser, Wasser, Wasser 69
– Stille
– Segen

Erde

71

WAS KANN MAN AUS ERDE ALLES MACHEN?

Ein Gestaltungslied

Refrain II
(nach den übrigen Strophen wiederholen):
Das kann man
aus Erde alles machen! –
Ja, lauter tolle Sachen,
ja lauter tolle Sachen:

2. Wege richten, Steine schaben,
   Höhlen in die Erde graben,
   Fachwerkhäuser bauen, richten,
   Fachwerk warm mit Lehm abdichten,
   aus dem Ton die Ziegel brennen,
   Aschenbahnen baun zum Rennen!

3. Pflügen, eggen, Boden richten,
   Gärten graben, Blumen züchten,
   pflanzen, säen, Parks anlegen,
   Felder, Äcker, Wiesen pflegen!
   Kräftig Staub und Stein aufrühren
   und sich selbst mit Lehm beschmieren!

72 SPIELIDEEN zum Lied

A) Singidee

Stellt euch in vier Gruppen auf – in den vier Ecken des Raumes! Ihr seid nun die vier Himmelsrichtungen der Erde. Nun beginnt eine Gruppe das Lied zu singen, bei der zweiten Strophe kommt die zweite hinzu usw. Überall, in allen Ländern und Gegenden der Erde, machen die Menschen etwas, wirken und schaffen verschieden und leben doch gemeinsam auf dieser Erde. Versucht alles, was ihr singt, in Gebärden umzusetzen! Führt über eure Ideen und Versuche ein ausführliches Gespräch!

B) Gestaltung in der Natur

Nehmt euch den Text dieses Liedes vor – und versucht, das eine oder andere daraus selbst zu tun! Teilt euch in Gruppen auf und besprecht, wer welche Aufgabe lösen wird. Der eine legt einen Minigarten an, der andere versucht ein Puppen-Fachwerkhaus zu bauen, der dritte gräbt eine Höhle in die Erde. Ihr könnt alles in der freien Natur gestalten – und geht dann von Station zu Station und bestaunt die selbstgebauten Dinge aus Erde. Vorschlag: Ihr singt an jeder Station einen Liedvers oder zumindest den Refrain!

C) Ein Kleisterbild herstellen

Das Ganze könnt ihr auch in einem größeren Raum entwickeln, vielleicht sogar in eurem Gruppenraum. Dann am besten als Kleisterbild, wie dies bereits unter 1 beschrieben wurde, dort für alle vier Elemente. Beschränkt euch jetzt auf ein Sand-, Erd- und Steinebild, das ihr auf einer Sperrholzplatte oder einer dickeren Pappe auf-

baut. Freilich dürfen in dieser Landschaft Bäume wachsen und Häuser gebaut werden! Wenn Bäume wachsen und Menschen dort leben sollen, muß Wasser her! Die Elemente brauchen eben einander. Die Erde müßt ihr auf eurer Sperrholzplatte aufkleben – also mit Tapetenkleister vermengen!
Laßt die so gebauten Sachen einige Tage als Schmuck stehen! Fotografiert sie als Dia – Ideen dazu unter 10 C – und dann werden sie irgendwann verschwinden müssen!

D) Querverweis

Natürlich könnt ihr überhaupt eine Diaserie zum Thema 'Erde' erstellen. Vgl. 10 C und 34 B. Denkt dabei an das Lied.

73 ERDE FÜHLEN

Fühl- und Spielideen

A) Fühlen, spielen

- Es gibt unterschiedliche Erde. Sammelt sie (Schlamm, Lehm, Sand, Ackerboden, Schotter, Steine, Felsen usw.)!
- Wie fühlt sich die unterschiedliche Erde an: mit den Händen, mit den Füßen?
- Wenn man in feuchte Erde ein Samenkorn legt, keimt es. Es entwickelt sich eine Pflanze. Zwei Elemente wachsen zusammen, Wasser und Erde. Auch Luft und Wärme werden benötigt. Alle vier Elemente wirken mit, daß Leben entsteht.
- Aus Erde kann man bauen: Häuser, Kanäle, Dämme, Brücken, Sandburgen. Fertigt etwas aus Erde an! Was soll es nun sein? – Laßt andere raten!
- Wenn Erde mit Wasser in Berührung kommt, verändert sie sich! Beschreibe diese Zustände: trocken – feucht; fest – schlammig – fließend. Jede Erde reagiert anders auf Wasser. Wie reagieren Steine, wie Sand, wie Lehm?

B) Aus Erde etwas formen

- Es gibt Erde, aus der man Kunstwerke formt: Stein, Ton.
- Versucht selbst einmal, aus einem Klumpen Ton etwas zu formen: einen Vogel, ein Haus, eine Schale...
- Ihr könnt aus Ton flache Platten formen oder ausrollen, in die ihr etwas einritzt oder etwas als Relief auflegt! Wenn ihr auf die frische Platte ein Blatt, einen Zweig, einen Gegenstand legt und ihn einpreßt, ergeben sich beim Brennen sehr schöne Formen!

- Ihr könnt für eure Reliefbilder ein Thema festlegen, z.B.: Wie es morgen, in 10 Jahren, in 100 Jahren auf der Erde aussehen wird!
- Redet im großen Kreis über euer Modell. Jeder stellt seine Gedanken vor.
- Wenn ihr die Reliefplatten brennt, vielleicht auch anmalt oder glasiert und ein zweites Mal brennt, könnt ihr eine schöne Bilderwand herstellen. Weitere Hinweise unter 129.

74 EY, ALTE ERDE, WAS IST LOS?

Fragelied und Aktionen

A) Fragelied

2. Du, Mutter Erde, hast Geduld!
Ein jeder weiß: Wir selbst sind schuld!
Was wir verbrennen, macht heißer die Luft.
Dreck hat sich nach oben verpufft!

3. Unsere Luft ist schlimm verdreckt.
Das bringt uns den Treibhauseffekt.
Wir kriegen es wärmer. Na, ist das nicht schön? –
Nun, was geschieht – wir werden's sehn!

4. Eis an den Polen – schmilzt bald ab!
Die Wüsten wachsen, werden zum Grab!
Wo Weizen blühte, weht Glutwind her.
Plötzlich fällt Regen, wäscht Berge leer!

B) Aktion 'Erdball'

Vielleicht könnt ihr einen aufblasbaren Spiel-Erd-Ball leihen (verschiedene Größen 2-4 m Durchmesser).

- Der Ball wird von mehreren Kindern hereingetragen, während die Gruppe das Lied singt. Erfindet Bewegungen, die zur Melodie und zum Refrain passen (Heben und Senken des Balls, den Ball im Kreis herumtragen, den Ball hüpfen lassen, drehen)!
- Ihr könnt den Ball auch in Lumpen und alte Lappen einhüllen, ihm ein trauriges Gesicht anbringen, das die Not der Erde ausdrückt.
- Erfindet eine Szene: z. B. wird die Erde gefragt, warum sie so leidend aussieht, wer ihr Leiden verursacht habe, ob und wie es gelindert werden könne usw.!

C) Querverweise

Weitere Informationen in 106, 107, 109, 112, 113! In diesen Bausteinen wird die Luftverschmutzung angesprochen. In 74, 75, 81, 82 werden weitere Informationen und Anregungen gegeben.

75 BLECHY UND MARY

Ein Gespräch auf der Müllhalde

Draußen vor der Stadt ist eine stinkende Müllhalde. Aber nun blüht mitten im Müll Mary, das Gänseblümchen! Und Mary kommt mit Blechy, einer ältlichen, schon etwas angerosteten Konservendose ins Gespräch....

Blechy: Was machst du denn hier? Mach, daß du hier verschwindest! Du hast hier nichts verloren!

Mary: Störe ich? Ich dachte, auf einer Müllhalde wäre etwas Platz für mich!

Blechy: Wir brauchen hier kein Grünzeug!

Mary: Mich hat's schon immer gegeben! Du warst noch nicht trocken hinter den Ohren, da waren wir Gänseblümchen schon Millionen Jahre auf der Welt! Uns gibt's praktisch seit den ersten Schöpfungstagen, Konservendosen erst seit Mitte des letzten Jahrhunderts!

Blechy: Auch noch sentimental werden will die Kleine! Die Vergangenheit ist passé! Heute heißen die Parolen Fortschritt! Automatisation, Computerisierung!

Mary: Moment mal! Ohne mich gibt's doch gar kein Leben! Will das denn niemand hören?

Blechy: Daß ich nicht lache! Als ob wir dich nicht ersetzen könnten, dich kleines Gänseblümchen!

Mary: Na, versuch's mal! Ich denk mir, auf so eine rostige Blechbüchse, die die Menschen vergessen haben, kommt's nicht so genau an. Aber ohne mich geht die Welt unter: Grün ist Leben!

Blechy: Arrogant bis in die Knochen! Und eine Schwarzmalerin, Schwarzseherin, Nörglerin, Spinnerin! Die Realitäten liegen anders, wir leben im Zeitalter der Technik!

Mary: Wirklich? Du scheinst es ja zu wissen.

Blechy: Zurückgebliebene Wiesenpflanze! Unkraut! Mit dir unterhalte ich mich nicht mehr! Du bist mir viel zu doof!

Mary: Schade, echt schade, daß du nicht mit mir reden willst! Du wirst mich noch brauchen, hörst du, du wirst mich sehr brauchen, mich Unkraut!

nach einer Idee von Bettina Haase

76 TONI, TONI TUNICHGUT III

Ein Spiellied zum Thema „ERDE“

2. „Tonne auf, Müll rein und dann den Deckel zu –
und ich, der brave Toni, habe endlich meine Ruh!
Warum so nervös sein? Ich bleibe ganz stur –
ich bezahle doch für die Müllabfuhr!"

3. Die Erde schreit: „Ich kann nicht mehr!
Das Plastik zu verdauen, das fällt mir wirklich schwer!"
Doch der Toni kippt weiter seinen Müll hinters Haus!
Und ihr ahnt und ihr wißt: „Die Geschichte geht bös aus!"

4. Tonne auf, Müll rein und dann den Deckel zu! –
So kriegt die Erde auf Dauer keine Ruh!
Beim Toni und allen hat die Erde sich gerächt!
Dem Toni sein Müll, der stinkt nicht schlecht!

77 SPIELIDEE zum Lied

Müllspaziergang und Müll-Denk-mal!

Macht einen Müllspaziergang: Bringt alles mit, was ihr findet und was euch interessant vorkommt. Tragt es zusammen und baut ein „Mülldenkmal“ daraus! Übrigens muß nicht alles aus Plastik sein, was ihr anschleppt. Auch alte Eisenteile, Holzteile, Räder...werdet ihr finden. Ihr solltet dazu einen alten Kittel, ein altes Hemd von Vater anziehen. Vielleicht braucht ihr auch Handschuhe!
Vor eurem Mülldenkmal könnt ihr dann wirkungsvoll TONI TUNICHGUT III aufführen, als Pantomimenlied, als kleine Liedszene, als Moritat! Wie man das macht, steht in 30 und 70 !

78 DIE ERDE

Ein Text aus der Bibel

Es war zu der Zeit, als Gott Himmel und Erde machte. Es gab keine Sträucher auf dem Felde. Nicht einmal Kräuter wuchsen. Denn Gott hatte es noch nicht regnen lassen. Auch lebte niemand, der das Land bebaute.

Nun stieg Nebel vom Boden auf. Der feuchtete das Land. Da machte Gott den Menschen aus

Ackerkrumen und blies ihm seinen Atem in die Nase. So wurde der Mensch ein lebendiges Wesen.

Gott pflanzte einen Garten in Eden, gegen Osten. Er brachte die Menschen dorthin, die er gemacht hatte.

Gott ließ aus dem Boden allerlei Bäume wachsen. Die Bäume trugen Früchte, die man gut essen konnte. Gott pflanzte mitten in den Garten zwei besondere Bäume, den Baum des Lebens und den Baum der Erkenntnis, das Gute vom Bösen zu unterscheiden!

In Eden entsprang ein Strom, der dem Garten Wasser schenkte. Der teilte sich in vier Flußarme, die den Garten durchzogen.

Gott brachte den Menschen in den Garten Eden. Der Mensch sollte den Garten bewachen, bewahren und bebauen. Und Gott gebot dem Menschen: „Du darfst von allen Bäumen im Garten Eden essen. Aber von dem Baum der Erkenntnis des Bösen und des Guten sollst du nicht essen. Es wird dir zwar versprochen, daß du alles wissen wirst und tun darfst, was du willst, wenn du von diesem Baume ißt. Aber an dem Tage, an dem du von diesem Baum ißt, wirst du sterben.“ *Genesis 2,4-10. 14-17*

79 KINDER-GARTEN

Eine Garten-Idee

Vielleicht habt ihr beim Kindergarten oder bei der Schule ein kleines Gartenstück, oder ihr könnt ein brachliegendes Gartenstück in der Nähe pachten.
Am besten läßt man den Garten von einem Vater oder Großvater umpflügen, vielleicht mit einem motorbetriebenen Pfluggerät. Wenn das Gelände klein ist, muß es mit dem Spaten umgegraben werden. Das Umgraben ist nötig, damit Unkräuter verschwinden. Man muß im Frühjahr so umgraben, daß jede Scholle umgewendet wird. Der Boden muß dazu trocken sein. Nach dem Umgraben bleibt der Garten einen Tag liegen, nicht länger. Dann werden die Schollen mit einer Harke sorgfältig zerkleinert und mit einer Handwalze gewalzt.
Nun werden die Beete abgetrennt. Was es zu säen gibt, zu welchem Zeitpunkt und wie man das macht, laßt euch von den Erwachsenen erklären. Wenn die Eltern es nicht mehr wissen, bittet Großväter und Großmütter, euch zu helfen und zu beraten!
Übrigens meinen viele heute, man solle den Garten gar nicht mehr so tief umgraben, Jahr für Jahr, wegen der Kleinstlebewesen. Das ist an sich richtig. Aber wenn man die Unkräuter weghaben will, muß man vorher einmal umgraben. Unkraut auf den Komposthaufen werfen! Gifte

gehören nicht in den Garten. Denn sie gelangen auch zur Pflanze und vergiften die Früchte mit: nichts für uns!
Es macht Spaß, zu sehen, wie alles wächst, was ihr gesät und gepflanzt habt! Aber es macht auch Arbeit, bis zum Sommer hin alles sauber zu halten! Ein Garten braucht treue, fleißige, ausdauernde Hände.

Vielleicht arbeitet ihr in Gruppen – und setzt einen Preis für das gepflegteste Beet aus? Und zum Schluß gibt's ein richtiges Erntefest, zu dem ihr auch die Eltern und Großeltern einladet. Guten Appetit bei den selbstverarbeiteten Salaten und Gemüsen!

80 ERDE

Spiel- und Aktionsideen

- Bringt aus dem Urlaub veschiedene Bodenarten in Marmeladengläsern mit! Beschriftet die Gläser: Sand, Geröll, Kies, Lehm, Schiefer, Mergel usw.! Am besten mit Fundort. Könnt ihr Unterschiede feststellen? Redet über 'eure Erde'!
- Es regnet. Kratzt Erde von den Schuhen ab, und füllt diese Erde in einen Blumentopf! Wächst etwas nach kurzer Zeit? Ratet vorher, was wachsen wird? Schreibt auf, was ihr vermutet!
- Pflanzt eine Bohne in verschiedene Böden ein – und bewässert sie verschieden, z.B. mit Regenwasser, Leitungswasser, mit destilliertem Wasser, mit Mineralwasser! Bei welcher Bewässerung wächst die Pflanze am besten? – Auf welchem Boden? Wählt Boden vom Komposthaufen, vom Acker, vom Straßenrand, aus dem Straßengraben, aus dem Garten, aus dem Wald!
- Grabt mit dem Spaten einmal den Boden um! Welches Getier findet ihr in diesem Boden? Puhlt den Boden auseinander und beobachtet, wie sich die Tiere benehmen, z.B. die Regenwürmer! Beobachtet die Bodenprobe unter der Lupe, unter dem Mikroskop!
- Grabt einige Regenwürmer aus und füttert sie mit Haushaltsabfällen, die ihr mit Komposterde vermischt! Regenwürmer sind sehr nützliche Tiere, die den Boden auflockern.
- Ihr habt Samen in die Erde gelegt. Wann stößt der Keim durch die Erde? Wie macht er das? Ihr könnt auch zwei Glasplatten, ziemlich eng aneinander gestellt, mit Erde füllen. Dann legt ihr den Samen in diese Erde, die gut gewässert werden muß und auch Licht und Wärme braucht! So könnt ihr durch die Glasscheiben das Wachsen des Wurzelwerks betrachten.

81 KREUZWEG DER ERDE

Eine Anregung

1. Prozeß

Sammelt Müll, wie schon besprochen: 77. Aus diesem Material gestaltet ihr einen Kreuzweg der Erde. Die Erde leidet, stöhnt und stirbt. Wir kreuzigen heute die Erde, die Natur, die Tiere, die Pflanzen, wie die Menschen damals Jesus kreuzigten.

2. Methode

Erzählt, welche Stationen euer Kreuzweg hat! Redet in der Gruppe über eure Erfahrungen! Baut diesen Kreuzweg möglichst draußen auf, an einem Platz, wo er von vielen Leuten gesehen wird und an dem er lange stehen kann. Verfaßt einen Text, eine Gedenktafel für die gekreuzigte Erde! Viele Menschen werden so aufmerksam.

3. Zielgedanke

Die Erde leidet, wie Menschen leiden, wenn sie gequält werden. Die Erde ist Gottes Geschöpf. Wenn wir die Schöpfung bedrohen oder auslöschen, bedrohen wir Gott selbst und löschen unsere eigene Zukunft aus!

4. Verknüpfung

Aus diesem Baustein kann eine kleine Aktion mit einer Andacht werden. Ihr

– baut das Mülldenkmal
– führt Toni Tunichgut III vor dem Denk-mal auf
– sagt eure Gefühle, die euch beim Anblick des Mülldenkmals kommen
– schließt ein selbstentworfenes Bußgebet an
– singt als Abschluß 'Guter Gott, in deinem Land' 91

82 DIE ERDE

Informationen

Die Erde entstand, so wird vermutet, vor 3 bis 5 Milliarden Jahren aus einer glühenden Gaswolke. Diese Wolke wurde zu flüssigem Feuer, das sich abkühlte und erstarrte. Im Erdinnern brennt immer noch ein glühendes Meer, das manchmal aus einem Vulkan als flüssig-glühende Lava an die Oberfläche tritt.

Vor 3 Milliarden Jahren bildete sich die Erdkruste. Zuerst, sagen die Wissenschaftler, schwamm nur eine riesige Landmasse im Meer. Aber sie zerriß, und die Kontinente formten sich. Eis, Wind, Wasser und die Sonne arbeiten bis heute an der Erde und verändern ihr Gesicht. Auch Pflanzen, Bäume und Tiere können die Erde umgestalten, schließlich auch wir Menschen!

Die Erde ist eine Kugel, die sich um die Sonne dreht. Sie hat einen Umfang von 40.000 km. Etwas weniger als ein Drittel der Erdoberfläche ist mit Land bedeckt, der Rest mit Wasser. Riesige Ozeane, in denen es auch tiefe Täler und spitze Gebirge gibt, bedecken die Erdoberfläche. Die Kontinente ragen aus den Meeren heraus.

83 MEIN GOTT

Ein Gebet

Mein Gott, wunderbar hast alles geordnet.
Die Erde ist voll von dem, was du schufst.

Vögel erheben sich in die Lüfte.
Würmer durchgraben den Erdboden.
Herdentiere jagen durch die Steppe.
Fische schwimmen im Wasser.
Das Land grünt und blüht
und schenkt uns Früchte.

Ich will fürs Leben danken.
für meines und das andrer Menschen,
für das Leben der Tiere und Pflanzen,
Fische und Vögel.

Für alles und alle hast du, Gott,
eine Bestimmung, eine Zukunft.
Ich danke dir für all deine Wunder! Amen!

84 DIE ERDE GEHÖRT GOTT

Ein Psalmwort aus der Bibel

Die Erde gehört Gott,
auch alles, was auf der Erde lebt und da ist,
die Kontinente und die Menschen aller Länder,
auch die Tiere, Pflanzen und Bäume.
Gott gründete die Weltmeere,
aus denen die Landmassen wuchsen,
die Berge mit den Wäldern,
die Täler mit den Flüssen.

Gott hat alles so überlegt und gemacht.
Darum müssen wir auf ihn hören,
wenn wir diese Erde nutzen
oder gar verändern wollen.

Gott hat uns Menschen diese Erde nur geliehen.

nach Psalm 24, 1-2

85 SEIT TAUSENDEN VON JAHREN

Ein Lese – und Sprechtext

Seit Tausenden von Jahren
pflügt der Mensch das Land.
Der Bauer sät und erntet
mit seiner eignen Hand.

Er wirft in seinen Acker
die kleinen Samen ein.
Wir wissen, dieses Körnchen
bleibt nicht für sich allein.

Es wächst aus kleinen Körnern
das große, helle Feld.
So haben alle Menschen
seit je ihr Land bestellt.
Wir ernten, was wir säen
und kriegen Korn und Brot.
Es wächst auf unsern Feldern
und bannt die Hungersnot.

Doch heute wird der Boden
zerstört und ausgeraubt.
Wir sagen: „Gift und Dünger
sind nötig und erlaubt!"
Doch was seit tausend Jahren
uns unser Brot gebracht,
wird nun zum toten Boden,
unheimlich, über Nacht.

Was heute unberührt steht,
wird morgen überbaut,
weil man der großen Technik
mehr als dem Leben traut.
Wo gestern noch das Korn stand,
wächst heute der Beton.
Doch heimlich fragt sich jeder:
„Und wer wird satt davon?"

Wir brauchen unsre Erde,
wir brauchen gutes Land
und brauchen auch die Wälder!
Ihr, Leute, braucht Verstand!
Es wächst auf unsrer Erde
das Korn und vieles mehr:
wenn wir die Erde schonen,
hält sie noch lange her!

86 EINE BILDGESCHICHTE

Was aus einem Text werden kann!

1. Prozeß
Malt zu zweit eine Bildgeschichte zum Gedicht 85 . Teilt die Verse unter euch auf.

2. Material, Methode
Zerschneidet große Rollen Packpapier in große, gleiche Rechtecke, die rauhe Seite nach oben. Malt mit Wachsmalkreide, auf dem Boden sitzend, jeweils zu zweit an einem Bogen. Ihr könnt auch mehrere Farben übereinandermalen und Teile wieder abkratzen.

3. Zielgedanke
Gott hat dem Menschen das Land zum Bebauen, zur Nahrung gegeben. Wenn der Mensch die Erde mißbraucht und ausbeutet, verliert sie ihre Kraft und kann uns nicht mehr beschenken.

4. Verknüpfung
Legt die Bilder vor euch auf den Boden und setzt euch im Kreis drumherum! Erzählt etwas zu euren Bildern (vgl. 15,17)!

87 BILDERGALERIE UND AUFFÜHRUNG

Etwas mehr als eine Moritat

1. Prozeß
Sucht euch einen großen Raum, in dem ihr die Bilder aufhängen könnt, in der Reihenfolge, wie sie im Sprechtext vorkommen. Alle sitzen im Halbkreis um die Bildergeschichte herum. Einer ist der Rezitator: er sagt den Text langsam und deutlich und mit langen Pausen auf. Ein anderer deutet mit einem Stock auf das jeweilige Bild. Das Geheimnis einer gelungen Show: der Rezitator muß langsam sprechen, sich deutlich dem Publikum zuwenden! Er muß Pausen machen, vor allem, wenn ein neues Bild vorgestellt wird. Die direkte Rede soll von jemand anderem übernommen werden, vielleicht von der ganzen Gruppe? Es soll überhaupt mit verteilten Rollen gespielt werden. Siehe auch 30 !

2. Material
Wie unter 86 beschrieben, Packpapier, Wachsmalkreide, Stock.

3. Zielgedanke
Wie unter 3. bei 86 !

4. Verknüpfung
Die in 86 entwickelten Bilder werden vorgestellt, nicht irgendwelche Bilder! Das Gedicht 85 wird dabei rezitiert.

88 ZWEI BÄUME

Eine Legende

Mitten im Garten Eden hatte Gott zwei besondere Bäume gepflanzt. Diese Bäume waren riesengroß und schön gewachsen, voll mit grünen Blättern. In ihren Schatten ruhten die Menschen und hörten den Vögeln zu, die in den Zweigen sangen.

Der eine war der Baum des Lebens. Die Menschen gingen täglich zu ihm, pflückten jeden Tag sparsam eine Frucht, teilten sie sorgfältig untereinander und aßen von ihr, schweigend und in feierlicher Runde sitzend. Immer, wenn die Menschen von dieser Frucht gegessen hatten, spürten sie, wie Kraft, Mut und Hoffnung in ihnen wuchsen, wie Müdigkeit, Krankheit und Alter von ihnen abfielen. Wenn sie miteinander gegessen und getrunken hatten, wurden Tag und Woche für sie fröhlich.

Gleich neben dem Baum des Lebens stand der Baum des Wissens, ebenso stark und schön wie der Lebensbaum, ein Baum mit großen, schillernden Früchten.

„Warum dürfen wir diese Früchte nicht essen?" fragten die Kinder ihre Eltern. – „Es ist verboten!" sagten diese. „Warum ist es verboten?" wollten die Kinder wissen. „Wir wissen es nicht!" sagten die Eltern. „Wir wissen nur: Gott hat es verboten. Wenn wir davon essen, müssen wir sterben!"

„Das ist doch dummes Zeug!" sagten die Kinder, die größer, älter und stärker wurden. „Überhaupt, wer ist Gott? Ihr Alten erzählt immer von ihm, lest uns von ihm vor, im Kindergarten und in der Schule. Aber gibt es ihn wirklich? Hat ihn je einer von euch gesehen?" so redeten die Kinder daher.
Die Eltern zuckten mit den Achseln.

„Sterben sollten wir, wenn wir von den Früchten dieses Baumes essen?" fragten die Menschen. „Im Gegenteil: Wir werden immer klüger! Und Klugheit macht mächtig! Wenn es Gott überhaupt gibt, will er, daß alles so bleibt, wie es war. Aber das wollen wir nicht!" – „Nein", sagten andere, „wir können das nicht glauben. Wir möchten uns an Gottes Gebot halten! Er meint es gut mit uns!" – „Uns werden die Augen aufgehen, was wir alles leisten können! Seid doch nicht so feige", riefen die anderen. „Macht, was ihr wollt!" sagten die meisten. „Wir halten uns da raus!" Sie gingen in ihren Hausgarten, um zu spielen und Musik zu hören.

Immer mehr Menschen regten sich auf. „Wenn wir von den Früchten dieses Baumes essen", rief ein Wortführer, „werden wir besser unterscheiden und entscheiden können: Wahrheit und Lüge, Recht und Unrecht, Gut und Böse! Dann sind wir nicht mehr abhängig voneinander, und schon gar nicht von Gott!"

Gott sah schmerzerfüllt die Menschen an, wie sie unter dem Baum der Erkenntnis standen, die Früchte abpflückten und zu essen begannen. „Ha", schrie ein Mensch, „ich kann tun und lassen, was ich will!" Und der Mensch sah seinen Nachbarn an, als ob er Lust hätte, diesem gleich den Kopf abzuschlagen. Der Nachbar wich erschrocken zurück und versteckte sich im Wald.

Die Menschen begannen, sich zu prügeln. Sie rissen Zweige vom Baum des Lebens ab, zerbrachen, zerhackten und verbrannten sie. Schon hatte einer das Schwert, der andere die Axt erfunden, um sich gegenseitig zu töten.

„Schluß!" rief Gott, „Ich kann das Elend nicht mehr mit ansehen!" Er schickte seinen Engel, die Menschen aus dem Garten Eden zu verjagen.

„Zwei Bäume!" sagten die Menschen. „Von einem kommt alles Leben, vom anderen alles Unglück!" – „Nein", sagte Gott, „so ist es nicht! Ich wollte eure Freiheit. Darum pflanzte ich zwei Bäume, den des Lebens und den eurer eigenen Entscheidung!" – „Du wolltest unsere Freiheit, Gott?" fragten die Menschen. „Auch die Freiheit von dir selber?" – „Das ist eure Entscheidung, ihr Menschen!", sagte Gott und fügte hinzu: „Eines Tages wird sich der Baum des Lebens aufmachen. Mit allen Wurzeln wird er sich aus dem Erdreich des göttlichen Gartens herausreißen, zu euch Menschen kommen und sich bei euch einpflanzen! Und von diesem Tage an", sagte Gott, „werdet ihr Menschen ganz neu leben, hoffen und vertrauen!"

89 VON EINEM BAUM

Ein Wort zum Nachdenken

Von einem Baum kommt der Tod, von einem Baum das Leben. Der Gott unsrer Väter hat Jesus auferweckt. Den hattet ihr an einen Baum aus Holz gehängt und umgebracht. Aus ihm kommen Wahrheit und Liebe neu!

nach der Apostelgeschichte 5, 30

90 BAUM DES LEBENS – BAUM DES TODES

Eine Collage-Spielidee

- Wir malen auf großen Karton bzw. auf Packpapier (zusammengeklebt) je einen Baum. Plaka- oder Dispersionsfarben, große Pinsel wählen, großflächig malen, Beschreibung der Vorgänge unter 15 A und 34 A !
- Wir hören die Geschichte „Zwei Bäume" 88 .
- Wir hängen die Plakate in unserem Raum auf.
- Wir schneiden aus alten Illustrierten Dinge aus, die wir in die Bäume kleben, Dinge des Lebens, des Überlebens und Dinge des Wissens, der Technik, auch gefährliche Dinge, Dinge des Todes!
- Wir führen in der Gruppe ein Gespräch!
- Ein gemeinsames Gebet kann folgen 97 .

91

GUTER GOTT, IN DEINEM LAND

Ein Spiellied

2. Acker und Rain
und Brot und Wein,
Wiese und Feld
und Weg und Welt,
Dornen und Strauch
und der Grashalm,
jeder Grashalm,
ja, der Grashalm auch!

3. Kälber und Kuh
und Pferde dazu,
Hühner und Hahn
und Enten, Fasan, –
Bienen am Strauch
und die Vögel,
alle Vögel,
ja, die Vögel auch!

4. Schnecke und Pfau,
Butt und Kabeljau,
im Fluß der Aal
und im Meer der Wal,
jeder Dünenstrauch
und die Fische,
alle Fische,
ja, die Fische auch!

92 SPIELIDEE zum Lied

Ein Kreislied

Während der Strophen gehen wir, uns an den Händen haltend, im Kreise.

Zum Refrain:

1. Zeile: Wir bleiben stehen, uns weiter an den Händen haltend.

2. Zeile: Weiter an Händen halten, Hände nach oben strecken.

3. Zeile: Hände lösen, oben behalten, hin und her schwenken.

4. Zeile: Wir klatschen im Rhythmus in die Hände!

93 THEMA ERDE UND KEIN ENDE

Weitere Aktionsideen

- Sucht kranke und gesunde Blätter eines Baumes! Woran erkennt man, daß ein Baum krank ist? Woran liegt es, daß er krankt?

- Sucht kranke und gesunde Erde! Lehm, Humus, Gartenerde, Mutterboden, gewachsenen Boden. In welcher Erde wächst etwas, in welcher nicht?

- Sucht Fotos von Tieren, von kranken und gesunden, von solchen, deren Arten vom Aussterben bedroht sind. Warum sind diese Tierarten bedroht? Tragt zusammen, was ihr wißt! Tiere in der Wohnung, Haustiere, auf dem Feld, in der Wildnis, im Wald! Was wird aus einem Hund, der zu wenig Freiheit hat, z.B. aus einem Kettenhund (er wird traurig, nervös oder aggressiv!), was aus einem, den ihr mit Schokolade füttert (er wird fett und blind!)?

- Erzählt oder schreibt eine Geschichte von einem Baum, Fluß, Feld, Meer, Tier, das zuerst gesund war, dann krank wurde und mühsam (vielleicht) wieder genas! Warum kam es zur Krankheit? Wie kam die Gesundheit zurück?

94 ICH WILL

Ein Gebet

Ich will mitsummen,
wenn Käfer und Bienen
summen und brummen.

Ich will mitflöten,
wenn die Lerche
in den Himmel steigt
und singt und singt.

Wenn alles musiziert
und jubelt und lacht,
will ich nicht
mit finsterem Gesicht
und verschlossenem Mund
abseits stehen.

Ich will meinen Mund öffnen,
und singen und jauchzen,
für dich, Gott,
und alle meine Freunde,
Menschen und Tiere,
Fische, Bäume, Pflanzen.

Wir alle sind Geschwister,
deine Kinder!
Amen!

95 MACHT EUCH DIE ERDE UNTERTAN!

Eine Mahnung

Macht euch die Erde untertan, sagt Gott,
vom Ausbeuten und Zerstören war nie die Rede!

Gerhard Liedtke

96 LEBEN KANN MAN NICHT TEILEN

Eine Erinnerung an die eine Schöpfung

Leben kann man nicht teilen.
Stirbt der Baum, stirbt auch der Mensch!

Peter Musal

97 DIE ERDE GEHÖRT DIR, GOTT

Ein Gebet

Die Erde gehört dir, Gott,
auch alles, was auf ihr wächst und lebt!

Darum soll ich nichts für mich behalten.
Ich soll teilen,
bis keine Not mehr da ist.

Alles, was ich bin,
alles was ich habe, schenkst du, Gott.

Und wenn ich abzugeben beginne?
Dann werde ich erfahren,
wie geteilte Freude
mich doppelt reich macht!

Danke, Gott! Amen!

98 DEM HUNGRIGEN GEHÖRT DAS BROT

Ein Hinweis

Dem Hungrigen gehört das Brot, das du zurückhältst,
dem Nackten das Kleidungsstück, das du im Schrank verwahrst,
dem Barfüßigen der Schuh, der bei dir verfault,
dem Bedürftigen das Silber, das du vergrubst.
Denen du helfen könntest – und hilfst ihnen nicht,
tust du Unrecht!

Basilius der Große (330-379 n. Chr.)

99 ERDE
Gestaltungs-, Feier- und Liturgie-Ideen

Gestaltungsideen

WEM DIE ERDE GEHÖRT

1. Einheit
Wir fühlen 'Erde'. Die Fühl- und Spielideen aus 73 werden zugrunde gelegt. Wir aktualisieren: Sand ist 'tot', Komposterde 'lebendig'! Über die Sinneserfahrung gelangen wir zu konkreter Anschauung. Dabei können Aktionen helfen, wie sie unter 72 A–D beschrieben wurden. Bitte auswählen! Das Lied zum Thema 'Erde' 71 schließt ab.

2. Einheit
Wir nehmen Spiel- und Aktionsideen aus 80 auf. Wir pflanzen eine Bohne, beobachten sie usw. Gleiche Erfahrungen können wir in unserem Kinder- bzw. Schul-Garten machen: 79. Wir erfahren dabei, was uns die Erde gibt; ohne sie müßten wir verhungern!

3. Einheit
'Wir brauchen unsere Erde!' Das Gedicht 85 wird vorgestellt. Die unter 86 und 87 vorgeschlagenen Aktionen werden durchgeführt. Plakatartige Bilder entstehen. Eine Moritat entwickelt sich mit diesem Gedicht. Zwischendurch und nach der Aufführung in der Gruppe Gespräche!

4. Einheit
Eine zerstörte Landschaft und ein ausgelaugter Boden geben keine guten Früchte mehr her. Wir bringen Biogemüse und 'normales' Gemüse in die Gruppe mit, am besten Möhren (siehe auch 79)! Wir verzehren sie, machen Geschmacksproben! Welche Möhre schmeckt besser? Es kann auch ein kleiner Salat angerichtet werden, bei dem die Unterschiede im Geschmack fast verschwinden! Aber die Schadstoffe bleiben...

5. Einheit
Die Schöpfung ist nicht unser Eigentum. Sie ist uns von Gott anvertraut, geliehen. Das Psalmwort 84 und die Texte 95, 97, 98 verdeutlichen das. Wir müssen die Erde für die Zukunft der nach uns lebenden Menschen, Tiere und Pflanzen bewahren. Lied 91 mit den Spielideen 92 als Abschluß.

Zielgedanke
Am Beispiel 'Erde' sollen die Kinder ihre eigene Verantwortung für die Schöpfung, die ihrer Eltern und aller Menschen erkennen: durch Sinneswahrnehmung für die Probleme sensibilisiert, durch eigenes Tun zur Hoffnung ermutigt.

Feier- und Liturgie-Ideen

DANKE FÜR DIESE ERDE –
UND WAS SIE UNS GIBT!
Feierformen

1. Einstimmung
Ein wichtiger Gedanke aus dem Alten Testament: die Erde gehört Gott. Uns ist sie nur geliehen: zum behutsamen Verwalten und Nutzen: 84.

2. Entfaltung
Das Lied 71 leitet ein: Wir fühlen Erde 73; sie ist so mannigfaltig – und unsere Partnerin! Sie gehört weder sich selbst 82 noch uns Menschen als Besitz. Sie gehört Gott: 97. Danken 91 und Loben ist unsere Aufgabe: 94, 83. Gottesdienstthema: Erntedank.

Was im Garten wächst, beschreiben und zeigen! Gott hat uns die Erde als Garten geschenkt: 78. Was die Kinder in ihrem Garten 79 oder in dem ihrer Eltern geerntet haben, bildet den Schmuck für die Kirche bzw. den Gruppenraum – und weist als Dank auf den Schöpfer hin: 91.
Die Kinder erzählen, was sie schon alles aus oder mit Erde gemacht haben. Sie können Bilder und Dias zeigen – oder auch Modelle aufbauen! Anregungen in 72 A-D.

3. Zielgedanke
Die Erde ist Gottes Gabe an uns. Es gilt, Gott zu danken und vorsichtig mit der Erde umzugehen!

4. Aufbau
– Was kann man aus Erde alles machen, Lied 71

- Erde fühlen, Auswahl an Fühl- und Spielideen 73
- Die Erde, Information 82
- Die Erde gehört Gott, ein Psalmwort 84
- Die Erde gehört dir, Gott, Gebet, von allen gesprochen 97
- Die Erde, ein Garten – Text aus der Bibel 78
- Aus dem Garten werden Gaben gebracht 79
- Du, Gott, deckst uns den Tisch 36
- Es wird aus der Garten-Arbeit berichtet 79 !
- Mein Gott, gemeinsam gesprochenes Gebet 83
- Was man aus Erde alles machen kann – Kinder berichten und stellen vor (Auswahl aus 72 A-D) !
- Zusammenfassung
- Fürbitte zum Thema, von der Gruppe entwikkelt, Hoffnungsaspekte und Dank
- Guter Gott, in deinem Land, Spiellied 91
- Segen

DIE ERDE HAT GEBURTSTAG –
UND DU UND ICH AUCH

Ein Vorschlag für eine besondere Geburtstagsfeier

1. Einstimmung

Wir singen „Und wer im Januar Geburtstag hat..." Die Kinder setzen sich in den Kreis und berichten über ihre Geburtstage. Jedes Kind erhält so viele Kerzen, wie es alt ist. Am besten auf Bierdeckeln, die mit hübschem Einwickelpapier beklebt wurden. Vielleicht hat ein Kind gerade Geburtstag (gehabt): dem Wunsch des Kindes entsprechend ein Lied singen usw.

2. Entfaltung

Auch die Erde hat Geburtstag – Kann sie sich an ihre Geburt erinnern? – Die Erde ist uralt! Wie ist sie eigentlich entstanden? Gott hat sie geschaffen - glauben wir Christen: 78 ! Darum gehört die Erde auch Gott: 84 . Wann hat sie Geburtstag, an welchem Tag? – Eigentlich immer, denn jeden Tag schafft Gott die Erde neu: 79 . In der Bibel steht, die Erde sei in sieben Tagen erschaffen worden. Es ist gut, sich klarzumachen, daß diese und andere Geschichten bildhaft sind: 45, 46 . Die Erde hat Jahrmilliarden gebraucht, um so zu werden, wie sie heute ist: 82 . Leider geht es ihr heute nicht gut. Mit dem Kreuzweg der Erde haben wir uns das klargemacht: 81 . Wir wissen auch, wer daran schuld ist: 74, 85, 86 . Können wir Gott versprechen, uns zu bessern, daß die Erde nicht weiter so leidet? Ein Gebet 94 faßt unsere Gedanken zusammen!

3. Zielgedanke

Das Geburtsdatum der Erde wissen wir nicht. Trotzdem feiern wir den Geburtstag der Erde jedes Jahr! Wann? – Sylvester und Neujahr, wenn ein altes Jahr stirbt und ein neues beginnt! Einverstanden?

Sollen wir der Erde gratulieren, vielleicht mit einem Lied: 71 ? Auf jeden Fall wollen wir ihr sagen, wie gut wir sie finden und wie sehr wir unserem Schöpfer danken: 83 ! Als Lieder bieten sich an 71, 14, 36, 91 . Neben der Geburtstagsidee können in diesem Gottesdienst die Einfälle zur Aktion 'Erdball' und das Lied „Ey, alte Erde" 74 gut eingesetzt werden.

4. Aufbau

- Lied „Und wer im Januar Geburtstag hat..."
- Rundgespräch über Geburtstage. Auch die Erde hat Geburtstag...
- Die Erde, ein Text aus der Bibel 78
- Die Erde gehört Gott, Psalmwort 84

- Solange die Sonne steht, Kanon 14
- Andere Völker erzählen andere Geschichten: ein Beispiel aus Afrika 45 !
- Im Anfang – Was uns die Bibel bildhaft zur Entstehung der Erde erzählt 46
- Die Erde, Informationen 82
- Du Gott, deckst uns den Tisch 36
- Seit Tausenden von Jahren, Text und Bildgeschichte 85, 86, 87
- Ich will, Gebet 94
- Guter Gott, in deinem Land 91
- Segen

DIE ERDE SCHREIT
Ökologische Bußideen

1. Einstimmung
Die Erde schreit vor Schmerz! Thematisch schon in 77, 81 angedeutet.

2. Entfaltung
Auswahl-Material in 74, 75, 76, 77, 81, 85, 86, 87, 93 . Auf jeden Fall auf eine, höchstens zwei Ideen beschränken und diese deutlich ausformen! Biblische Grundtexte 84, 78 leiten über: der Mensch soll diese Erde nutzen, aber er darf sie nicht ausbeuten, sonst rächt sich die Erde.

Liturgische und szenische Einfälle 74 und Aktionen 93 werden in diesen Gottesdienst übernommen, Geschichten, Bilder, Darstellungen.

Wichtig ist auch der Hoffnungsaspekt: wie ein Baum gerettet, eine Blume geheilt wurde, ein Tier überlebte! Ohne Heile-Welt-Bilder! Meditationen aus den Gedanken der Kinder bilden den Abschluß; Grundideen in 93, 95 und 96 .

3. Zielgedanke
Wenn die Erde leidet, leiden wir mit! Die Erde zu befreien und zu heilen, bedeutet auch, uns zu befreien und zu heilen!

4. Aufbau
- Ey, alte Erde, was ist los? Lied und Aktionen 74
- Blechy und Mary, eine Szene 75
- Thema Erde und kein Ende; durchgeführte Aktionen werden vorgestellt 93
- Die Erde gehört Gott, ein Gebet für alle 84
- Wie ich die kranke Erde heilen kann; Berichte, Gebete und Meditationen von Kindern
- Macht euch die Erde untertan 95 oder: Leben kann man nicht teilen 96 , als Zwischentext.
- Ich will, Gebet 94 , gemeinsam gesprochen
- Guter, Gott, Lied 91

DIE ERDE GEHÖRT GOTT –
ER GIBT SIE ALLEN MENSCHEN!
Eine Meditation

1. Einstimmung
Ausgangstext ist ein Psalmwort 84 , ergänzt durch ein Gebet 97 . Wir sollen den Garten Gottes pflegen 78 . Aber Weiterentwickeln heißt nicht zerstören 95 !

2. Entfaltung
Die Erde ist uns geliehen; wir müssen darum mit allen Menschen teilen: 98 . Dank und Lobpreis des Schöpfers 91, 94 schließen nicht nur ein behutsames Umgehen mit der Erde ein, sondern verlangen auch das Teilen der Reichtümer: zwischen Nord und Süd, zwischen Agrar- und

Industrienationen, zwischen Arm und Reich im eigenen Land. Als Text-, Bild-, und Gestaltungsidee bietet sich „Was ich tun kann" 112, 113 an.

Liedgut aus 74, 91, 137

3. Zielgedanke

Diese eine Erde ist uns geliehen! Wie Gott sein Leben mit uns teilt, so müssen auch wir unseren Reichtum mit den Armen dieser Welt teilen.

4. Aufbau

– Die Erde gehört Gott, Psalmwort 84
– Die Erde gehört dir, Gott, Gebet für alle 97
– Die Erde, ein Text aus der Bibel 78
– Gebet zur Buße, aus der Mahnung 95 oder dem Hinweis 98 geformt. Eines der beiden Worte als sich wiederholende Litanei aufnehmen.
– Guter Gott, in deinem Land, Lied 91
– Was ich tun kann 112; Gruppenerfahrungen und -arbeiten vorstellen (vgl. 113)
– Wenn wir vorsichtig sind, Kanon als Zwischen- und Schlußlied 137
– Segen

ZWEI BÄUME

Eine nachdenklich machende Gestaltung

1. Einstimmung

Die längere Geschichte 88 erzählen und spielerisch weiterentwickeln: 90.

Der Blick ins NT legt die Hoffnungsspur – und verbindet: 89.

2. Entfaltung

Lob und Dank können umrahmen: 91, 94. Andererseits werden wir unsere Verantwortung für eigene Fehler an der Ökomisere aufdecken: bereits ausführlich illustriert in 74, 75, 76, 77, 81, 85, 86, 87.

3. Zielgedanke

Die Idee von unserer Verantwortung soll ermutigen und zum Tun des Guten einladen 71, 83. Gott selbst hat sich als der Baum des Lebens auf unsere Erde verpflanzt – in Christus. Das gibt uns Hoffnung.

4. Aufbau

– Guter Gott, in deinem Land, Lied 91
– Zwei Bäume, eine Legende 88
– Baum des Lebens – Baum des Todes, eine Collage-Idee 90
– Toni Tunichgut III 76
– Wir haben ein Müll-Denk-mal (als Baum?) errichtet, Spielidee zum Lied 77.
– Bericht der Müll-Denk-mal – Gruppe
– Was kann man aus Erde alles machen? Lied 71
– Von einem Baum, ein Wort zum Nachdenken 89
– Meditation zum Thema 'Zwei Bäume', dazu evtl. das Wort aus 89 als Litanei übernehmen
– Wenn wir vorsichtig sind, Kanon 137
– Segen

Wind

100 BLASE, WIND, BLASE

Ein Windlied

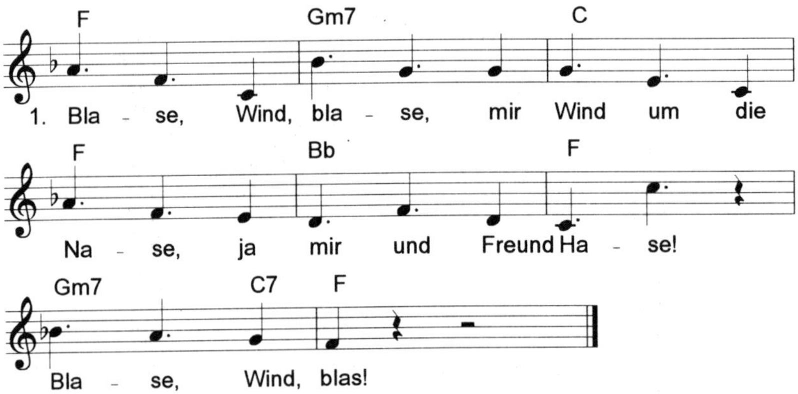

2. Surre, Wind, surre!
Mach nicht so'n Geknurre,
wenn's Segel ich zurre!
Surre, Wind, surr!

3. Sause, Wind, sause!
Mach nicht so'n Gebrause
im Wald und am Hause!
Sause, Wind, saus!

4. Lache, Wind, lache!
Mach nicht so'n Gekrache
bei mir auf dem Dache!
Lache, Wind, lach!

5. Wehe, Wind, wehe,
daß ich, wo ich gehe,
dich höre und sehe!
Wehe, Wind, weh!

101 SPIELIDEE zum Lied

Zunächst üben wir das Lied ein: alle Verse. Dann ahmen wir die Windgeräusche nach (oder begleiten damit die Strophen).
Nach Vers 1: pusten, flöten,
mit gespitztem Mund blasen
Nach Vers 2: zurr, zurr, zurr, zurr
Nach Vers 3: sss, sss, sss, sss
Nach Vers 4: hahaha, hahaha, hahaha, hahaha
Nach Vers 5: www, www, www, www

102 LUFT UND WIND FÜHLEN

Fühl- und Spielideen

Wind ist in uns, wenn wir atmen. Es ist gut, dies einmal deutlich zu spüren!

- Haltet die Hand vor den Mund und atmet mit zugespitztem Mund vorsichtig auf eure Handfläche! Berichtet, was ihr spürt!
- Atmet bewußt ein und aus: Streckt euch auf die Zehenspitzen und greift mit den Händen beim Einatmen hoch in die Luft; laßt euch fallen, sackt in euch zusammen, vielleicht mit einem tiefen Seufzer, wenn ihr ausatmet!

Der Wind ist selbst ein Stück Natur. Wir können:

- Wind hören: Achtet einmal auf das Stöhnen, Ächzen, Grummeln, Brummen, Heulen, Jaulen, Flöten, Sausen, Brüllen und Säuseln des Windes. Was macht der Wind noch?
- Wind heulen lassen: Durch schnelles Herumschleudern eines Plastikschlauches können wir den Wind herrlich heulen lassen.
- Wind einfangen: Eine leere Flasche, aus der ein Strohhalm ragt, wird in den Wind gestellt. Ein jaulender Ton ertönt. Mehrere Flaschen, nebeneinander gestellt, ergeben ein Windkonzert.
- Wind pusten: Spielt einmal Wattepusten! Gegeneinander: Wer treibt das Wattebällchen in das gegnerische Tor? Miteinander: Wir versuchen, ein Wattebällchen gemeinsam ganz lange und weit voranzutreiben, vielleicht auf ein bestimmtes Ziel zu!
- Wind verteilen: Farben pusten, z.B. Wasserfarben auf einem leeren Blatt Papier mit einem Strohhalm auseinanderblasen!
- Wind sehen: Luftballon aufblasen. Wer hat die stärksten Lungen, wer das größte Feingefühl? Oder auch: Wer bringt seinen Ballon am schnellsten zum Platzen?

103 WIND ERZEUGEN

Versuche im kleinen Rahmen

Wind kann auch durch Geräte erzeugt werden. Bringt einen Fön in die Gruppe mit. Damit könnt ihr allerhand machen:
– den Fönwind euch ins Gesicht blasen
– Haare trocknen
– Glut auf dem Grill entfachen
– ein selbstgebautes Windrad antreiben (aber bitte kein Segelschiff in der Badewanne anfönen! Kommt der Fön mit Wasser in Berührung, kann es Tote geben!)

Andere Windmacher:
– der Blasebalg,
– die Luftpumpe.

Wozu braucht man diese Geräte? – Der Gartengrill, die berühmte Luftmatratze, der Fahrradschlauch, der Ball, die Orgel in der Kirche...

Benennt die Unterschiede von Fön, Blasebalg und Luftpumpe!

104 KLEINE AKTIONEN LUFT UND WIND

Was wir ausprobieren können

1. Aus Papier eine Windmühle bauen: ein etwas dickeres Blatt Papier, eingeschnitten und gefaltet, wird mit einer Stecknadel auf einen Blumenstab aufgesteckt. Damit das Windrad besser läuft, davor und dahinter eine Glasperle auf die Stecknadel aufziehen!

2. Einen Drachen bauen und steigen lassen! Für den Drachenbau gibt's Hunderte von Anleitungen (oder die Väter!).
Man kann auch tolle Drachen kaufen (wem das paßt).

3. Ein Segelschiff aus Papier bauen und schwimmen lassen: aus dickerem Papier oder alten Zeitungen! Wie man's macht? – Ihr habt alle schon einmal einen Papierhelm gefaltet: diesen noch einmal querfalten und dann auseinanderziehen.

4. Oder ihr schnitzt und bastelt euch selbst ein kleines Segelboot aus Balsaholz, mit allem Drum und Dran, mit Ruder, Segeln, einem Schwert oder Kiel! Eine längere Ferienarbeit, die Spaß macht.

105 WINDENERGIE

Aktionen

– Windmühle
Eine Windmühle zu errichten ist komplizierter als ihr vielleicht denkt. Restaurierte Windmühlen sind meist als Museum eingerichtet. Wo gibt es in eurer Gegend eine? Laßt euch vom Müller oder dem Verantwortlichen die Mühle in Gang setzen und den Mechanismus genau erklären: wie der Wind eingefangen wird; wie beim Einfangen des Windes die Windrichtung berücksichtigt wird; wie die Mühlradbewegung mit Hilfe von Zahnrädern aufs Mahlwerk übertragen wird usw.

– Schöpfrad
Man findet es auf Bruchwiesen. Der Wind treibt ein Windrad an. Durch den Übertragungsmechanismus wird Wasser aus einem tiefer gelegenen Graben geschöpft und meist in einen höher gelegenen Graben geleert, aus dem es dann abfließt.

– Windenergie-Anlage
In Dänemark und auch schon in Deutschland zu sehen. Wind kann Strom erzeugen! Laßt euch einmal eine solche Anlage erklären!

106 DIE LUFT

Informationen

Luft ist ein Gemisch aus Gasen, das die Erde umhüllt und für alles Leben auf ihr unbedingt notwendig ist. Ohne Luft kann niemand leben, weder die Bäume und Gräser, noch die Tiere und Menschen, auch nicht die Fische im Wasser!
Die Luft besteht zu 21 % aus Sauerstoff, dem Gas, das wir Menschen und die Tiere zum Atmen brauchen, auch die Fische. Diese holen sich ihren Sauerstoff aus dem Wasser. Auch das Wasser enthält nämlich, solange es gesund bleibt, Sauerstoff.

Die Pflanzen wandeln Stickstoff und Kohlendioxid in Sauerstoff um. Sie tun das mit Hilfe des Lichtes und des Wassers, das sie in sich aufnehmen, ein komplizierter Vorgang. Eigentlich stellen die Pflanzen Nahrungsmittel für sich selbst her. Der Sauerstoff, den die Pflanzen erzeugen, ist also nur ein 'Abfallprodukt'! Tiere und Pflanzen sind aufeinander angewiesen: wenn die Pflanzen keinen Sauerstoff mehr herstellen, haben Mensch und Tier keine Atemluft mehr!
Und es wird viel Sauerstoff gebraucht, nicht nur zum Atmen! Wird etwas verbrannt, verbraucht

sich Sauerstoff. Kohlendioxid bildet sich. Immer mehr Kohlendioxid entsteht auf der Erde, ein giftiges Gas. In der Atmosphäre ist es normalerweise nur zu 1 % enthalten. Steigt der Anteil, hat das gefährliche Folgen: Atembeschwerden, Husten, Krankheiten!

Auf der Erde produzieren wir zuviel Kohlendioxid und andere Schadstoffe. Sie schädigen Menschen, Tiere und Pflanzen. Sogar Häuser und Dome werden dadurch stark angegriffen.

Als Ursachenherde für die Bildung von Kohlendioxid sind zu nennen:

- Müllverbrennungsanlagen
- Kohle- oder Gaskraftwerke, die zahlreichen Hausfeuerungen mit Öl, Gas, Kohle und Holz
- die Industrie, die vielen Autos

Mit der schlechter werdenden Luft hängt auch die langsame Temperatursteigerung auf der Erde zusammen. Umso schlimmer ist es, wenn der Mensch nun die großen Urwälder in Mittel- und Südamerika und in Afrika abholzt. Sie sind lebenswichtig, um die Erdatmosphäre zu reinigen.

Und noch auf andere Weise schadet der Mensch der Luft:

In höheren Schichten der Erdhülle entsteht Ozon, ein Sauerstoff besonderer Art. Auf der Erde entwickelt, in Bodennähe, greift dieser Sauerstoff die Atemwege an. Der viele Dreck in der Luft regt die Bildung von Ozon in Bodennähe an. Andererseits ist Ozon hoch am Himmel sehr wichtig! Es umhüllt die Erde und hält die ultravioletten Strahlen der Sonne ab, die die Haut der Menschen bräunen. Bekommt der Mensch von diesen Strahlen zuviel ab, wird die Haut zerstört. Treibgas aus Spraydosen und anderen Behältern zerstört die Ozonschicht in der hohen Erdasmosphäre. Ein Teufelskreis!!

107 WAS?

Einige Fragen

Was muß alles geschehen, damit die Luft wieder sauberer wird? Die Menschen haben viele Anstrengungen unternommen – nachdem sie vorher und bis heute viele Fehler machten.

- Katalysatoren für Autos
- Filteranlagen für Kraftwerke, Fabriken, Müllverbrennungsanlagen
- Stillegung von Müllverbrennungsanlagen
- Produktion von Sonnenenergie
- Produktion von Windenergie

Versucht einmal, ein Kraftwerk oder eine Müllverbrennungsanlage zu besichtigen. Laßt euch erklären, wie eine Filteranlage funktioniert. Macht Dias von euren Besuchen, besorgt euch sonstiges Anschauungsmaterial (Prospekte, Zeitschriften usw.) und weitere Infos auch aus anderen Quellen!

108 EY, WAS IST?

Hustenlied zwischen Mensch (M) und Luft (L)

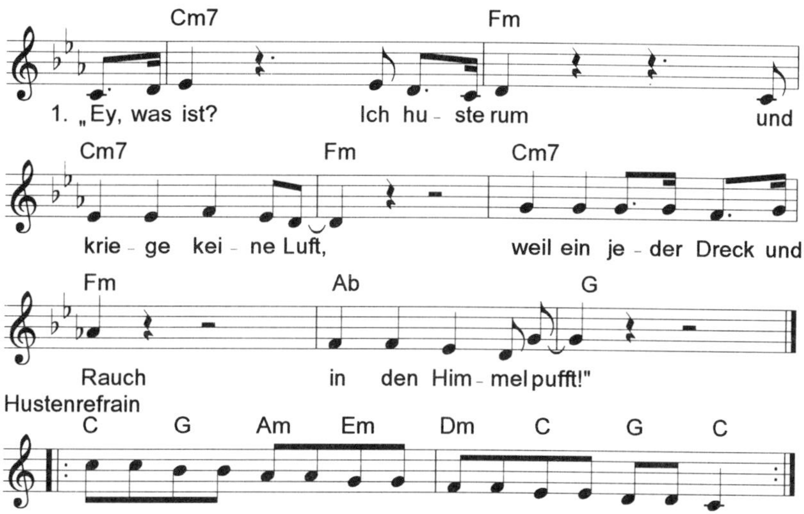

„Husten-Refrain" (nach den Strophen 2-5 wiederholen)

2. L: „Ey, du fragst? –
Ja, bist du denn,
lieber Mensch, so dumm? –
Denn du selber machst mich Luft
dreckig, stickig, stumm!"

3. M: „Ey, was ist,
wenn nun die Luft
selbst nicht atmen kann? –
Warum puste ich dann mehr
Dreck und Gift heran?"

4. L: „Ey, so ist's:
Du hast's erfaßt!
Wo kommt Atem her? –
Ach, wie bin ich heut, die Luft,
giftig, dreckig, schwer!"

5. M: „Ey, was ist?
Was mach ich nun?" –
L u. M: „Freunde, haltet ein!
Haltet doch die letzte Luft
sauber, gut und rein,

6.: ...daß man wieder
atmen kann,
tags und in der Nacht!
Ja, dann hört das Husten auf,
und ein jeder lacht!"

Lach-Refrain

109

SPIELIDEEN zum Lied

A) Das Antiraucherlied

Ey, was ist? –
Ich rauche noch? –
Nein, das laß ich sein,
und ich halt die Zimmerluft
sauber, gut und rein!

Dieser Vers kann den vorletzten Vers ersetzen – und schon haben wir das Modell für ein Eltern und übrige Erwachsene provozierendes Pantomime-Lied! Wir bauen aus Zeitungspapier, das wir zusammenrollen und -kleben, Riesenzigarren und -zigaretten! Mit Plakafarbe entsprechend anstreichen! Die Gruppe tritt als Chor auf, mit der Zigarette in der Hand. Beim vorletzten Vers werden die Zigarren und Zigaretten auf den Boden geworfen und 'ausgetreten'.

B) Pantomime-Lied

Eine kleine Gruppe führt die Verse pantomimisch auf, während die andere das Lied vorträgt. Einige stellen die schwer geschädigte Luft dar, andere Stickluft erzeugende Menschen, wieder andere unter Dreckluft leidende Menschen. Die drei Gruppen Luft, 'Dreckschleudern' und leidende Menschen durch Kostümierung und Schminken kennzeichnen! Man kann auch in zwei Gruppen spielen und singen – oder zwei Spieler übernehmen die Rollen der Luft und der Menschengruppe. Das Husten veranstalten alle kräftig gemeinsam!

Zur Gestaltung der Pantomime siehe auch 30, 65!

110

TONI, TONI TUNICHGUT IV

Ein Spiellied zum Thema „LUFT“

Refrain

2. Nun sagt seine Frau: „Hol grad 'n Pfund Salz
und ein Viertelpfund Rindfleisch und etwas
Schmalz –
hier gleich um die Ecke!" Und Toni muß
in sein Auto steigen. Er geht nie zu Fuß!

3. Dann rast er durchs Dorf –
mit knapp Hundertzehn!
Die Leute, sie bleiben vor Schrecken stehn.
Toni fährt auch nicht Fahrrad.
Das ist ihm zu schlicht.
Unter hundert PS, nein, da tut er's nicht!

4. Die Luft kriegt Husten:
„Mein lieber Tunichgut,
diese Dreckschleuder bringt meinen Atem
in Wut!
Hör zu, ich ersticke!" – Wie's weitergeht? –
Dem Toni hat die Luft fast den Hals umgedreht!

111 SPIELIDEEN zum Lied

Der Götze

Habt ihr noch andere Toni-Tunichgut-Ideen? Bringt einmal Teile von Autos oder Motorrädern in die Gruppe mit! Allerdings solltet ihr die Teile vorher von Öl und Dreck säubern. Baut damit ein Gerüst, ein Ungetüm, irgendein Gebilde aus diesen Teilen zusammen, ein Auto-Be-denkmal! Was findet ihr an eurem Monstrum bemerkenswert? Was fällt euch auf, was bringt euch zum Lachen, was zum Nachdenken, was erschreckt euch?

Ist das Auto ein heimlicher Gott für uns Menschen?
Was kann ich ohne Auto leisten, was nicht?
Wie kann ich das Auto ersetzen – zu Fuß gehen, mit dem Fahrrad fahren, mit der Bahn, dem Schiff....
Wo kann ich auf das Auto keineswegs verzichten?
Beschreibt einmal die Zusammenhänge zwischen dem Auto und der Luftverschmutzung!

112 WAS ICH TUN KANN

Meditative Gedanken

Ich kann versuchen, einfacher zu leben.
Ich kann sparsamer werden,
weniger Lebensmittel verbrauchen,
weniger Plastik benutzen,
weniger Material wegwerfen,
vorsichtiger mit der Stromenergie umgehen.

Ich kann darüber nachdenken,
wie arm Menschen in Ländern leben,
in denen keine Industrieprodukte
hergestellt werden.
Ich kann mir klarmachen, warum der Kaffee,
das Frühstücksei oder der handgeschnitzte
Teller so wenig kosten.

Ich kann mir überlegen, wie ich leben will.
Vielleicht beeinflusse ich durch mein Verhalten
andere Menschen, verändere gar
die großen Wirtschaftsordnungen dieser Erde?

Kann ich so leben, daß Menschen,
die in unwürdigen Verhältnissen hausen
und nie zu ihrem Recht kommen,
doch wieder lachen können?

Ich kann nachdenken
und mit anderen darüber reden,
daß wir immer noch zu viele Waffen
herstellen und verkaufen,
Heere unterhalten und weiter aufrüsten,
was zuviel Geld kostet.

Statt Kriege vorzubereiten und zu führen
und so Leben auf der Erde zu zerstören,
ist es wichtiger, den Wald zu schützen,
das Wasser zu reinigen,
den Boden zu bewahren,
neue Arbeitsplätze zu schaffen
und Menschen vor dem Hunger zu retten.

Groß reden kann jeder. Das tun viele.
Neben das Reden
soll mein persönliches Handeln treten.

Manchmal zweifle ich.
Dann sage ich:
„Alles hat sowieso keinen Zweck".

Ich kann aber doch, zusammen mit anderen,
erste kleine Schritte zum Frieden,
zur Gerechtigkeit
und zur Bewahrung der Schöpfung tun!

Ich will Gott bitten, daß er mich stärkt.
Ich möchte Freunde und Freundinnen finden,
mit denen ich gemeinsam nachdenken
und ein neues Leben beginnen kann.

Gottes Geist wird mich und sie
sammeln und ermutigen,
aufrichten und befähigen, das Gute zu tun,
und auf den Weg des Lebens bringen.

Amen!

113 UMKEHR – Besinnung und Gestaltung

A) Gemalte und gespielte Texte

Der Text sollte in der Gruppe nicht nur verbal gestaltet werden. Darum werden Hilfen zur ganzheitlichen Bewußtseinsbildung gegeben. Den Kindern macht die spielerische und gestalterische Arbeit erfahrungsgemäß Spaß.

Vorschläge:

– Der Text wird zunächst ruhig vorgelesen, vielleicht sogar zweimal, auf zwei oder drei Sprecher verteilt. In der Grundschule kann diese Übung erweitert werden, z.B. durch gemeinsames Lesen, durch das Herausschreiben einiger Sätze.

– Den Kindern wird Gelegenheit zu kurzem Gedankenaustausch gegeben.

– „Es gibt vielleicht eine Textstelle, die euch besonders berührt!“ Die Kinder benennen diese Stelle – ein Aufteilungsprozeß kommt in Gang. Die Kinder begründen ihre Wahl. Die ausgewählten Stellen werden in den Kleingruppen gestaltet.

– Es kann gewählt werden, ein Wandbild zu malen auf Packpapier oder Stoffbahn (vgl. 15, 17, 34 A, 125 C) oder aber kleine Szenen zu entwickeln, wie in 16, 35, 65, 75 vorgeschlagen.

– Die so gestalteten Einheiten werden im Plenum gezeigt und besprochen.

– In Feiern und Gottesdiensten können die so entstandenen Bilder und/oder Szenen vorgestellt werden.

– Am Ende sprechen Erwachsene und Kinder, die schon lesen können, den Text gemeinsam.

B) Vom Text zur Dia-Meditation

Zur Methode vgl. 10 C, 34 C. Freilich ist die Thematik hier ungleich schwieriger. Wie können die in 112 vorgestellten Ideen in eine Diaschau umgesetzt werden, vielleicht sogar so, daß der Text nicht mehr verändert werden muß?

114 GROSSER GOTT

Ein Gebet

Großer Gott,
manchmal fühle ich mich
schwach und klein.
Ich werde mutlos.
Ich denke:
Ich finde keine Freunde!

Doch dann schickst du
mir Menschen,
mit denen ich neu anfange.

Die machen mir Mut –
und vielleicht ich ihnen!

Aus Angst wird Freude,
aus Klage Lob,
aus der Einsamkeit wächst
das Fest der Gemeinschaft
und die Kraft zum Tun.

Danke, Gott. Amen.

115 SO WILL ICH LEBEN!

Entwicklung einer Szene

Grundlage für diese Übung ist der Text 112 oder Auszüge daraus. Arbeitsschritte könnten sein:

- Rundgespräch über den Text in der Gruppe.
- Stellt euch vor, ihr solltet ein kleines Theaterstück aus diesem Text machen – nennt einmal die Rollen, die ihr braucht!
- Wir schreiben diese Rollen auf.
- Welche dieser Rollen steht dir am nächsten, und warum? Was sagt diese Person? Vielleicht ist es gar keine Person, sondern eine Naturmacht? Was sagt diese Rolle deiner Meinung nach, was tut sie? Wie sehr kannst du dich in sie eindenken?
- Welche dieser Rollen liegt dir nicht? Warum nicht? Kannst du dich in die Dialoge dieser Person, dieses Wesens hineindenken?
- Denkt euch aus, was die verschiedenen Personen sagen müßten, eurer Meinung nach!
- Versucht einmal anzuspielen! Wer wagt's?
- Könnt ihr euch vorstellen, daß es mehrere Szenen zu diesem Stück gibt? Zählt die Sze-

nen auf! Was muß in ihnen vorkommen? Dialoge und Szenen werden zusammengestellt!
– Würdest du eine Rolle, eine Szene anders spielen? Wie? Versuch's! Verbesserungen aus dem Gespräch in der Gruppe!
– Neue Spielversuche!

116 WINDWUNDER

Ein Bericht aus dem Neuen Testament

Es war Pfingsten. Viele Menschen kamen nach Jerusalem. Sie waren fröhlich und feierten. Sie lobten Gott für alles, was er ihnen schenkte, die Ernte, die Arbeit, die Familie. Sie erinnerten sich auch daran, daß Gott mit ihnen einen Bund in der Wüste geschlossen hatte.
Auch die Menschen, die auf den auferstandenen Herrn Jesus Christus hofften, versammelten sich, zusammen mit den anderen.
Plötzlich geschah ein Brausen vom Himmel, als ob ein gewaltiger Wind daherstürmte. Das Haus, in dem sich die Gläubigen getroffen hatten, wurde von diesem Windesbrausen erfüllt. Es floß wie Feuer auf sie herab. Es sah wie kleine Flämmchen und Feuerzungen aus. Die setzten sich auf einen jeden von ihnen. Alle wurden vom Heiligen Geist erfüllt. Ein jeder begann zu sprechen. Sie redeten in einer neuen, unbekannten Sprache. Sie erzählten das, was ihnen der Geist, Gottes Windhauch, eingab.
Nun waren nach Jerusalem viele fromme Juden gekommen, aus dem ganzen Römischen Reich. Alle diese Menschen hörten das Reden und die Stimmen der Versammlung. Jeder hörte sie in seiner eigenen Landessprache reden. „Was geht hier vor sich?" fragten sie bange. „Diese Menschen sprechen doch eine andere, fremde Sprache, aber wir verstehen sie. Sie erzählen von den großen Taten Gottes!"
Andere spotteten und schüttelten ihre Köpfe: „Sie sind doch nur betrunken!"

nach Apostelgeschichte 2, 1-7. 11-13

117 ICH HAUCHE

Das Wort eines Propheten aus dem Alten Testament

Ich hauche euch meinen Geist ein,
damit ihr lebendig werdet! *Ezechiel 37, 14a*

118 WENN DER WIND WEHT

Spiellied

Refrain: Hui, hui, hui – Wiederholung der Melodie (mit zugespitzten Lippen fast lautlos und sehr sensibel flöten)

2. Wenn der Wind weht,
   wenn der Wind weht,
   denke ich nach.
   Und ich frag,
   guter Gott,
   ist dein Wind noch wach?

Refrain: Sss, sss, sss – Wiederholung der Melodie (ein weiches S summen)

3. Wenn der Wind weht,
   wenn der Wind weht,
   bitte ich sehr:
   Ach, schick
   deinen Wind,
   den Geist, zu uns her!

Refrain: Www, www, www – Wiederholung der Melodie (ein weiches W summen)

4. Wenn der Wind weht,
   wenn der Wind weht,
   stehe ich auf.
   Ich vertrau,
   guter Gott,
   dein Geist weckt mich auf!

Refrain: Lalala, lalala, lalala – Wiederholung der Melodie

119 SPIELIDEE zum Lied

Kreislied

Während der Strophen fassen sich die Kinder an den Händen und gehen zum gesungenen Lied im Kreis – oder bleiben stehen, sich an den Händen haltend. Nach dem Textteil wird der Refrain als Flöten, Brausen, Wehen des Windes nachgeahmt. Die Kinder vollführen einige pantomimische Bewegungen.

1. Strophe/Refrain: Mit zugespitztem Mund flöten, die Laute des Windes nachahmen. Die Hände werden als Schalltrichter an die Ohren gelegt. Bitte leise und vorsichtig flöten!

2. Strophe/Refrain: Mit geschlossenem Mund summen. Eine Hand stützt die Stirn ab.

3. Strophe/Refrain: Das Summen geht in ein Wehen über. Die Hände werden erhoben und hin und her geschwenkt, zu Gott hin!

4. Strophe/Refrain: Lalala! Ein fröhliches Tanzen begleitet den Refrain: Die Kinder halten sich an den Händen und schwenken ihre Hände zur Kreismitte hin hoch. Dabei treten sie eng zusammen – und gleich wieder auseinander. Refrain und Pantomime können einige Male wiederholt werden.

120 WIND UND GEIST

Hinweis auf das Alte Testament

Im Alten Testament bedeutet das Wort „Ruach – Wind" zweierlei:

- Wind, Wehen, Sturm, Brise, die natürliche Erfahrung.
- In der Verbindung mit Gott bedeutet „Ruach" „Geist Gottes"

Der „Wind Gottes" fällt auf die Propheten, fällt in sie ein, bläst sie an, geht als Geist Gottes auf sie über – und sie sagen den Menschen den Willen Gottes an!

Das Lied 118 spielt mit dieser doppelten Bedeutung von „Ruach"! Die neutestamentliche Pfingstgeschichte wäre ohne diesen Zusammenhang gar nicht zu verstehen 116.

121 ES SOLL NICHT

Wort eines Propheten

Es soll nicht durch Heer oder Macht geschehen,
sondern durch meinen Geist,
spricht der Herr, euer Gott!

Sacharja 4, 6

122 ERZÄHLEN DURCH BILDSPIELE UNTERSTÜTZEN

Gespräch und Darstellung – Hinweise

1. Prozeß

Die Pfingstgeschichte 116 eignet sich gut zur freien Nacherzählung. Dabei ist es wichtig, nicht mit historisierenden Ausschmückungen zu arbeiten, sondern die Textintention aufzunehmen, sie zu verstärken und lebendig, gut gegliedert zu erzählen. Zielgedanken und Höhepunkte suchen und beachten! Anschaulich erzählen! Körperhaltung und Gesichtsmimik einbeziehen! Die Hände mit erzählen lassen. Hinweise unter 8.

2. Material, Methode

Die Erzählung kann durch eine Plakataktion visualisiert werden, wie in 15 A, 15 C, 17, 34 A, 86 beschrieben. Evtl. die selbstgemalten Bilder aufhängen oder als Dia an die Wand werfen.
Leicht zu entwickeln ist auch ein Spiel auf dem Overheadprojektor! Figuren aus Glanz-Transparenzpapier ausschneiden und entsprechend strukturiert auf den Projektor legen. Während der Erzählung Personen bewegen, Positionen verändern und ergänzen! Aus Blumendraht

könnt ihr Figuren basteln, diese in Tauchlack tauchen – und damit ebenfalls auf dem Overheadprojektor zu der erzählten Geschichte spielen! Die Tauchlackfiguren leuchten intensiv!

3. Zielgedanke
Gottes Geist, den wir weder sehen können noch stets spüren, ist dennoch da. Er verwandelt Fremde zu Freunden, macht aus anonymen Menschen die eine Gemeinde, die eine Menschheit Gottes!

4. Verknüpfung
Wesentlich ist, daß aus den Zusammenhängen mit den Liedern 100, 113, 118 und den übrigen biblischen Verweisen 117, 120, 121 die Grundidee der Pfingstgeschichte verdeutlicht wird: Gott, der Heilige Geist, erweckt, ermutigt, stärkt, sendet. Er tut dies auf eine unnachahmlich sanfte, aber dennoch nachdrückliche Weise. Vgl. die Geschichte von Elia: 7 !

123 WIND
Gestaltungs-, Feier- und Liturgie-Ideen

Gestaltungsideen

GOTTES GEIST BEFREIT ZUM LEBEN

1. Einheit
Einstimmung durch das Lied 'Blase, Wind, blase' 100 , Spielideen zum Lied: 101 . Winderfahrungen der Kinder werden gesammelt. Gruppengespräch. Es wird unterstützt durch die Entwicklung einer Wandzeitung 12 A . Oder: Malprozesse entwickeln das Thema in der Gruppe weiter: 15, 17, 34 A, 86 ; ausführliches Gruppengespräch über die gemalten Bilder.

2. Einheit
Die Kinder machen spielerische Erfahrungen mit dem Wind: 102 . Watte und Farben pusten oder aufwendiger im Freien Windrad, Segelschiff bauen, evtl. als Hausaufgaben. Vorstellung der Erfahrungen in der Gruppe, Rundgespräch.

3. Einheit
Die Kinder erfahren etwas über die Bedeutung der Luft für alle Lebewesen. Informationen aus 106 werden

- entweder am Beispiel von Toni Tunichgut III spielerisch entwickelt: 110 . Dabei kann das Auto-Denkmal errichtet werden; Gespräch: 111
- oder am Beispiel des Hustenliedes 108 in die Welt der Kinder übersetzt. Als Variante 109 A oder 109 B .

Insgesamt soll mit spielerischen Erfahrungen gearbeitet werden, die in das Grundthema des Textes 'Was ich tun kann' 112 einmünden. Einige Aspekte weggelassen (Arm – Reich, Industrienationen – Dritte Welt usw.) Wir versuchen, unsere eigenen Fehler in Sachen 'Luftverschmutzung' aufzuarbeiten, u.U. mit Methoden aus 'Umkehr', Besinnung und Aktion 113.

4. Einheit
Der Bezug zur biblischen Schöpfungserfahrung wird hergestellt. Die Luft – ein Element, das Gott uns schenkte, damit wir leben und überleben können.
Im Windlied 118 wird analog 120 verdeutlicht:
- Gott ist der Geber aller guten Gabe, auch des Windes!
- Im Wind symbolisiert sich Gottes Lebenskraft, sein Geist für uns und in uns 117, Erarbeitung mit Methoden aus 119!

5. Einheit
Windlied, Gesang und Spiel 118, 119. Die Pfingstgeschichte wird erzählt 116 und im Rundgespräch erarbeitet: Menschen werden zum Leben erweckt und zur Einigkeit ihres Denkens und Handelns geführt. Evtl. Bildspiele aus 122 zur Unterstützung der Erzählung hinzuziehen. Windlied wiederholen und aufführen.

Zielgedanke
Gottes Geist befreit zum Leben. Gott, der Schöpfer, gibt uns Menschen Luft zum Atmen, zum Leben. Wir erfahren den Atem Gottes für uns, mit uns, in uns, – und atmen auf, atmen durch und ersticken nicht trotz aller 'dicken Luft'. Wer aus Gottes Atem lebt, aus seinem Geist, wird selbst zum Atem für andere Menschen, schenkt Ermutigung und Hoffnung für viele.

Feier- und Liturgie-Ideen

EY, WAS IST?

Informationen, Anfragen und Besinnung

1. Einstimmung
Diesmal soll am Beispiel 'Luft' verdeutlicht werden: wir Menschen verunreinigen unsere Umwelt, nehmen uns aber zugleich unsere eigene Zukunft weg! Wie können wir diesen Prozeß des Luftsterbens aufhalten?

2. Entfaltung
Die Bausteine 106, 107, 108, 109, 110, 111, 105, 114, 117, 121 werden zur Auswahl vorgeschlagen. Das Lied 108 bildet den Auftakt. Notwendige Informationen 106 müssen folgen, wobei der Text aufbereitet werden muß 107. Vielleicht können in der Gruppe – durch Eltern und Leitungspersonen – die Texte des Materialteils 106 mit Erlebnissen und Ergebnissen 107 gemischt und zu einem Sprechtext zwischen Sprechern und Gemeinde gestaltet werden. Das Wort des Propheten Sacharja 121 kann dabei zu einem litaneiartigen Zwischengebet der Gemeinde weiterentwickelt werden. „Geist Gottes" steht in diesem Fall für den zärtlichen und fürsorglichen Umgang mit der Natur, hier vor allem mit der Luft. Toni Tunichgut gilt als deutlich abschreckendes Beispiel – ein Autofahrer wie wir alle 110. Vielleicht wird sogar die Spielidee zum Lied 111 mit integriert! U.U. wird das Eingangslied 108 noch einmal aufgenommen, evtl. in der Fassung von 109 A mit entsprechender Gestaltung.

Die aus 106, 107 selbst entwickelte Meditation führt in die Stille und ins persönliche Nachdenken. Dabei wird die Pfingstgeschichte zur Hoffnungsträgerin: Wir glauben daran, daß Gott uns durch seinen Geist Kraft zur Umkehr und zum neuen Tun gibt 116. Der Hinweis des Hesekiel, als Hoffnungslitanei entwickelt 117, sowie das von allen gesprochene Gebet 114 sollen zum Tun des Guten ermutigen. Diese Ermutigung wird durch Hinweise auf konkrete Beispiele 105 gestützt. Gute Erfahrungen, z.B. mit der Windenergie, können zu einem Symbol der Hoffnung werden; evtl. durch Dias veranschaulichen.

3. Zielgedanke
Die Besinnung auf die eigene Situation. Aus den Informationen sollen Einsichten und Umkehrmöglichkeiten wachsen.

4. Aufbau
- Ey, was ist? – Hustenlied 108, entfaltet mit Ideen aus 109
- Toni Tunichgut IV 110, entfaltet mit Ideen aus 111
  Diese beiden Lieder werden in die folgende 'Information – Meditation' eingeblendet:
- Die Luft, Informationen 106; dieser Text wird in Zusammenhang mit 'Was, einige Fragen' 107 gestellt. Die beiden Texte werden verbunden, als Text zur Buße, den Pädagogen bzw. Eltern und Kinder gemeinsam erstellen.
- Wenn der Wind weht, Lied 118
- Windwunder, Pfingstbericht aus dem NT 116
- Wenn der Wind weht, Lied 118, mit den Spielideen aus 119
- Eine Hoffnungsliturgie, von Pädagogen, Eltern und Kindern erstellt, – eine Kombination aus 'Ich hauche euch' (Ezechiel 37, 14a; siehe 117) und konkreten Hinweisen auf mögliche Windnutzung – Beispiele aus 'Was' 105!
- Großer Gott, ein Gebet, das alle abschließend beten 114
- Segen

MACHEN WIR WIND –
ODER WEHT GOTTES GEIST?

Von Gottes und unseren Möglichkeiten

1. Einstimmung
Einige Texte nehmen zunächst einmal die kreatürlichen Erfahrungen mit dem Wind, der Luft auf: 100, 101, 102, 103, 104, 105. Es soll dabei im Vorbereitungsteam entschieden werden, welche Schwerpunkte für diesen Teil des Gottesdienstes gesetzt werden. Auf alle Fälle darf es bei der Windmacherei recht lustig zugehen!

Der Mensch kann Wind machen – und den Wind nutzen.

2. Entfaltung
Das Lied 118 und die Spielideen 119 stellen einen überraschenden Zusammenhang her: in der Bibel wird Wind, der aus Gott selbst „herausweht", zum Geist Gottes, der Menschen bewegt und sie zur Gerechtigkeit, zur Liebe und zum Tun des Guten befähigt: 117, 120, 121.

3. Zielgedanke
Gott schenkt uns Menschen seinen Geist, ermutigt und stärkt gerade die, die kleinmütig und verzagt sind. Weil sie ihre geringen Chancen so sensibel einschätzen, öffnen sie sich der Gerechtigkeit und dem Frieden und fangen an, die Schöpfung zu schonen und wieder aufzubauen. Evtl. größere Textliturgie aus 112 mit den kreativen Ideen aus 113 verbinden. Das Gebet 114, das in diese Richtung weist, können abschließend alle mitbeten – Gottes Geist befreit zum Leben!

4. Aufbau

– Blase, Wind, blase, Lied 100
– Die eine oder andere Wind-Fühl-Spiel-Idee aus 101, 102
– Wenn der Wind weht, Lied 118, dazu Spielideen 119
– Was ich tun kann, Gedanken und Überlegungen 112, mit den Ideen aus Umkehr, Besinnung und Aktion 113 oder mit den Mitteln aus 'So will ich leben' 115 gestaltet
– Ansprache
– Großer Gott, gemeinsames Abschlußgebet 114, mit den Symbolideen aus 119 gestaltet
– Segen

ES WEHT EIN NEUER WIND, ODER:
KOMM, HEILIGER GEIST!

Pfingsten heute

1. Einstimmung

Einige Bausteine 100, 101, 102, 103, 104 deuten das Pfingstthema ahnungsweise, aber doch sehr kreatürlich an. Weitere Texte erzählen dann direkt von Pfingsten. Die Pfingstgeschichte 116 sowie nachfolgende Texte und Bilder 117, 118, 119 sind Mittelpunkt der Feier.

2. Entfaltung

Zunächst sollen alle Teilnehmer den kreatürlichen Wind spüren und erleben; auswählen aus 100, 101, 102, 103. Vielleicht eine Atemübung aus 102 als Lockerungsübung und Einführung in das Thema?

Wie die Pfingstgeschichte 116 entfaltet wird, sollte in der Gruppe besprochen werden. Möglich sind eine gut gegliederte freie Erzählung, eine kleine Szene oder eine Bildgeschichte, auf große Plakate gemalt oder mit dem Tageslichtschreiber an die Wand projiziert; spannend und gut strukturiert erzählen: 8, 122. Rundgespräch: Wie und wo wird diese Geschichte bei uns aktuell? – Wo weht Gottes Geist heute unter uns, der zum Leben befreit?

Lied und nachfolgende Spielidee 118, 119 leiten zum letzten Teil über: „Komm, Heiliger Geist!“ Hier können Sehnsüchte der Kinder, konkrete Hoffnungen und Bitten zusammengebunden werden, vielleicht durch eine Lichtermeditation (40, Auswahl). So kommt das 2. Element der Pfingstgeschichte, das Feuer, zur Geltung!

3. Zielgedanke

Durch das Aufnehmen biblischer Hoffnungen soll die eigene Hoffnung reaktiviert und zum Tun des Guten angeregt werden. Leibliche Atemübungen eröffnen das Thema, erschöpfen es aber nicht!

4. Aufbau

– Blase, Wind, blase, ein Lied 100, dazu Spielideen 101
– Luft und wind fühlen, Spielideen, Atemübungen 102
– Windwunder, die Pfingstgeschichte 116, mit verschiedenen Möglichkeiten entwickelt: 122
– Rundgespräch: 'Wo und wie weht heute Gottes Geist?'
– Wenn der Wind weht, Lied 118 mit den Spielideen 118
– „Komm, Heiliger Geist!“ Ideen der Kinder, in einer Lichterliturgie gestaltet 40
– Segen

Besinnung und Aktion

1. Einstimmung
Einige Bausteine 112, 113, 114, 115, 118, 119 kreisen um das Thema „Umkehr" und führen auf verschiedene Weise in die Thematik ein.

2. Entfaltung
Der längere und wichtige Text 112 wurde ja bereits in 113 didaktisch entfaltet. Die hier aufgezeigten Möglichkeiten dürfen auch in Feier und Gottesdienst genutzt werden, je nach Gruppensituation. Auch ist die Gestaltung einer Szene zu erwägen: 115. Bei einem Gottesdienst in einer kleinen Gruppe können die Arbeitsziele und -schritte (nach 113 bzw. 115) direkt aus der Situation entfaltet werden: die Aktionen geschehen also im Gottesdienst. In einem Gemeindegottesdienst werden die fertigen Gruppenergebnisse vorgestellt. Das Lied 118 samt Spielideen 119 verbindet die einzelnen Bausteine. Die Pfingstgeschichte 116 löst diesen Erneuerungsprozeß aus.

3. Zielgedanke
Ich möchte umkehren. Will ich umkehren? Kann ich umkehren? Ich bitte Gott um Kräfte, daß ich das Machbare tun, das Erhoffte träumen, das Unglaubliche wagen und das Mögliche durchsetzen will und kann! Ich werde Freunde und Geschwister finden, Menschen mit mir unterwegs, die Gemeinde. Gemeinsam sind wir stark. Gottes Geist sei mit mir und allen Menschen.

4. Aufbau
- Wenn der Wind weht, Lied 118
- Das Windwunder, die Pfingstgeschichte 116
- Was ich tun kann 112, hier als szenisches Spiel, das Kinder aus den Ideen dieses Textes gestalten: 'So will ich leben!' 115
- Die unter 'Zielgedanke' vorgestellten Ideen werden zu einem gemeinsamen Abschlußgebet entwickelt, am besten als Litanei. Weitere kurze Texte 117, 121 können zur Entwicklung dieser Abschlußmeditation hinzugezogen werden!
- Wenn der Wind weht, Lied 118
- Segen

Mit vereinten

Kräften

124 WER?

Ein Spiellied

2. Wer malt den Himmel grau in grau,
am andren Tag dann klar und blau?
Wer gibt den Schlaf, wer schenkt die Nacht?
Wer hat den Sommerregen gebracht?
Wer weckt die Saat, den Halm, das Korn?
Wer macht, daß Kinder werden geborn?

3. Du Gott, hast unsere Welt gemacht:
du schenkst den Tag, du schenkst die Nacht,
du schaffst das Blatt, den Baum, den Zweig,
weckst Tote auf, machst Arme reich.
Du schufst den Himmel, die Erde, die Welt:
du bist's, der mich rief und mich trägt und hält.

125 SPIELIDEEN zum Lied

A) Pantomime-Kreislied

Alle fassen sich an den Händen in einem weiten Kreis. Bei den einzelnen Versen werden die Bilder jeder Zeile durch Bewegung und Mimik ausgedrückt.

Während des Refrains gehen die Kinder mit erhobenen Händen auf die Kreismitte zu, schwenken die verbundenen Hände dabei auf und ab und halten sie einen Augenblick (Melodie) in der Mitte hoch. Dann Rückgang in die normale Kreisstellung zum Singen des nächsten Verses.

Vers 1, Zeile

1: Hände zeichnen Berge und Hügel
2: Feuerflammen – mit den Händen züngeln und klatschen
3: Aufmunternde Bewegung mit beiden Händen
4: Mit Händen und Füßen – laufen auf der Stelle
5: Kleine Lockbewegung mit den Händen, der Wind wird gerufen – Schalltrichter am Mund
6: Die Hände sind erhoben. Mit den Fingerspitzen das Sprießen der Blumen darstellen.

Vers 2, Zeile

1: Pinselstriche auf ein unsichtbares Bild bringen
2: Weitermalen – Augen reiben, erstaunter Blick
3: Schlafen: Hände an Wange, Kopf schräg halten
4: Mit erhobenen Händen den Regen aus den Fingerspitzen rieseln lassen
5: Leichtes Händeklappen
6: Baby auf dem Arm wiegen

Vers 3, Zeile

1: Weltkugel mit Armen und Händen formen
2: Hände im Bogen von oben nach unten führen und zurück
3: Baum mit den Händen nachzeichnen
4: Die eine Hand führt nach oben, zum Himmel, die andere nach unten, zur Erde
5: Großes Rund mit Händen und Armen
6: Hände auf die eigene Brust legen

B) Ein Szenen-Lied

In der Gruppe werden Rollen verteilt, die im Lied vorkommen. Die einzelnen Naturgewalten bzw. -ereignisse werden durch Personen dargestellt. Vor jedem Vers wird eine kleine Szene eingeschaltet, die Elemente dieses Verses darstellt. Erfindet Dialoge und kleine Handlungen! Anleitungen dazu in 16, 35, 113 A.

C) Malaktionen – einen großen Wandbehang bemalen

1. Prozeß

Malaktionen sind bereits zur Genüge beschrieben worden: 15 A, 15 C, 17, 34 A, 86, 87, 113 A,

129 C. Hier soll eine Variante genauer vorgestellt werden!

2. Methode, Material

Nesselbahn von 2 m Breite zu einem großen Tuch von 4 x 4 m zusammennähen. Den unteren Hohlsaum so groß einnähen, daß ein Bleiband Platz findet. Der obere Hohlsaum muß so groß sein, daß ihr ein Brett durch den Hohlsaum schieben könnt. So könnt ihr das Wandbild leicht aufhängen.

Was ihr sonst noch benötigt:
- eine Unterlage aus Baufolie
- Dispersionsfarben
- Pinsel, groß und breit genug
- Joghurt-Becher für die Farben, mit Deckel zum Verschließen
- Zeichenkohle

Zum Malvorgang ist zu beachten:
- Dispersionsfarben trocknen schnell. Wenn sie trocken sind, sind sie kaum noch zu entfernen. Also Farbkleckser im Kleid sofort mit Wasser auswaschen.
- Malt am besten draußen, da Dispersionsfarben Dämpfe entwickeln, die nicht unbedingt gesundheitsfördernd sind.
- Redet vorher in der Malgruppe (nicht mehr als 4 – 5 Personen) lange über eure Bildinhalte, wie ihr sie euch vorstellt, was ihr malen wollt – und warum!
- Zeichnet einen gemeinsamen Entwurf mit Zeichenkohle auf die große Stoffbahn! Stellt Zusammenhänge zwischen den einzelnen Bildelementen her, die ihr malen möchtet! Grenzt eure Malfelder ab, – aber nicht stur! Malt dann drauf los!

3. Zielgedanke

Die schönen Bilder des Liedes dürfen typisiert werden! In ihnen leuchten Vertrauen und Hoffnung, von Gott geschenkt, auf.

4. Verknüpfung

Anregungen zur Vorbereitung findet ihr auch in 86, 113 A, zum Auswertungsgespräch in 15 A, 17, 34 A. A und B können miteinander verbunden werden. B spielt dann jeweils vor A. Falls auch C einbezogen wird, wird in der Einheit C das Bildgespräch zur Gesamtauswertung erweitert.

Für diese Aktionseinheit A-C schlage ich folgenden Aufbau vor:
- Ansingen des Liedes, Gespräch über das Lied
- Einüben der Pantomime-Figuren (A)
- Wir führen das Lied vor (A)
- Szenenentwicklungen, Gespräch (B)
- Szenenentwicklungen, Aufführung (B)
- Malprozesse (C)
- Rundgespräch über das gemalte Bild (C)

Unter den Liturgie- und Feierideen 123 wird dieser Spiel- und Gestaltungskomplex noch einmal aufgegriffen.

D) Mit Dias ein Lied illustrieren

Zur Methodik vgl. 10 C, 113 B. Gerade die naturhaften Bilder dieses Liedes regen zur Motivsuche an – ohne Fragen auszublenden.

126 IN JEDEM

Eine Beobachtung

In jedem Wassertropfen ist Wasser!
In jedem Strahl ist Licht!
In jedem Funken ist Feuer!
So ist auch in jedem Geschöpf der Schöpfer!

aus Indien

127 DU GROSSER GOTT

Ein Gebet

Du großer Gott,
gerade das Kleine, Geringe, Schwache
will ich liebhaben, wie du es liebhast.

Was atmet und lebt,
Menschen, Tiere, Pflanzen,
will ich achten, bewahren und schützen.

Sie sind deine Geschöpfe:
die hübsche Blume auf dem Felde,
die grünen Bäume im Wald,
der stachelige Strauch am Wegrand,
die kleine Feldmaus im Garten,
der Vogel im Baum, die Kuh im Stall,
Menschen neben mir, ich selbst.

Ich will alle liebhaben
und ihr Leben achten.

In allem und allen
lebst und bist du, Gott.

Ich will deinen Namen preisen,
indem ich Leben erhalte. Amen.

128 SONNENGESANG DES FRANZ VON ASSISI

Gelobt seist du, mein Herr,
mit allen deinen Geschöpfen!
Gelobt seist du, Schwester Sonne!
Du strahlst hell und warm.

Gelobt seist du, mein Herr!
Gelobt seist du, Bruder Mond,
und deine Geschwister, die Sterne!
Ihr macht die dunkle Nacht hell.

Gelobt seist du, mein Herr!
Gelobt seist du, Bruder Wind!
Luft und Wolken erfüllen den Himmel.

Gelobt seist du, mein Herr!
Gelobt seist du, Bruder Feuer!
Du bist schön, gewaltig und stark.

Gelobt seist du, mein Herr!
Gelobt seist du, Mutter Erde!
Du trägst und ernährst uns.

Gelobt seist du, mein Herr,
durch unseren Bruder, den Tod!
Du, Gott, schenkst Leben für immer.

nach Franz von Assisi (1182-1226)

129 BRUDER-UND-SCHWESTER-Aktionen

Weiterarbeit mit dem Text

Es gibt eine Reihe von Möglichkeiten, den Sonnengesang des Franz von Assisi in einer Kindergruppe umzusetzen, die schon annähernd beschrieben wurden. Darum hier nur kurze Hinweise.

A) Raumspiel

Das Spiel ähnelt den bisherigen Vier-Ecken-Spielen 3, 10, 18. Alle Kinder ordnen sich je einem Element zu und stellen sich in die entsprechende Raumecke.

In der Mitte des Raumes versammelt sich die Gruppierung „Gott und der Tod". In den so entstandenen Kleingruppen beraten die Kinder, was sie in einen gemeinsamen Dialog einbringen möchten, was ein Element zum anderen sagt, wie sie mit Gott und auch mit dem Tod reden wollen, was Gott und Tod miteinander zu bereden haben. Diese Kleingruppenergebnisse werden im Plenum nach der Innenkreis-Außenkreis-Methode 16, 35, 113 A vorgestellt. U.U. Wechsel der Rollen, auf jeden Fall Gespräch! Die Ergebnisse können auch zu einem kleinen szenischen Anspiel zusammengebunden werden.

B) Kleine Szenen

Hinweise aus 115 beachten! U. U. können Erfahrungen aus dem Raum-Spiel aufgenommen und mit Arbeitsvorgängen aus 16, 35, 113 A kombiniert werden.

C) Gemalte Meditation

Analog 86, 87 ! Große Packpapierbögen (rauhe Seite) werden mit Wachsmalkreide bemalt. Mit Überdeckungen und Auskratzungen arbeiten! Die Gesamtfläche ausfüllen! Gesprächsmöglichkeiten wie unter 15, 17, 34 A beschrieben.

D) Tonkacheln oder Tonfiguren gestalten

Der Arbeitsvorgang wird unter 73 beschrieben. Wichtig ist, daß die Gruppe vorher in ein Gespräch eintritt, welche Vorgänge und Entwicklungen aus dem Sonnengesang die/der einzelne gestalten möchte. Wenn einer nicht sofort etwas weiß, gebt ihm Zeit! Häufig kommen gute Gedanken erst beim Gestalten. Ihr werdet später bemerken, wie alles zusammenpaßt! Ihr könnt einen Text, ein Gebet, eine Betrachtung zu eurer selbstgemachten Kachel erfinden.

Es ist sinnvoll, über die gestalteten Kacheln (in die Mitte legen) ein Gespräch in der Gesamtgruppe zu führen. Wir sitzen im Kreis. Einer beginnt und stellt seine Kachel vor. Diese Person darf sich anschließend eine andere Kachel aus dem Kreis wünschen, die nun von der jeweiligen Person vorgestellt wird. Gesprächsvorgänge wie in 15, 17 beschrieben.
Schön sind auch Tonfiguren. Allerdings gestaltet sich der Aufbau einer Tonfigur, zumal wenn diese gebrannt werden soll, schwieriger. Die spontan geformten Figuren sind oft von großer Intensität.

E) Dias zum Text herstellen

Wie in 10 C, 72 B, 113 B, 125 D . Der Sonnengesang des Franz von Assisi reizt zur fotografischen Gestaltung, die durch eine weiterführende Textinterpretation vertieft werden kann.

F) Besinnung und Aktion

Arbeitsvorgänge wie in 113 beschrieben. Hinführung zu Gottesdienst-Elementen. Evtl. Möglichkeiten aus den unter A-E beschriebenen Vorgängen mit den unter 113 angezeigten kombinieren.

130 DAS WEICHE, WARME LICHT

Eine Fabel

Sonne und Wind stritten miteinander, wer unter ihnen am stärksten sei. „Ich", prahlte der Wind, „blase alles um! Kennst du die Macht des Orkans, meine Übermacht, wenn ich die Wellen des Meeres peitsche?"
Die Sonne schwieg still.

„Siehst du den Menschen dort?" fragte sie nach einiger Zeit den Wind. „Er geht in einen Mantel gehüllt. Wem von uns beiden wird es als erstem gelingen, diesem Menschen den Mantel abzunehmen?"

„Nichts leichter als das!" trompetete der Wind, machte sich zum starken Sturm und blies dem Menschen scharf ins Gesicht. Der Wanderer aber hüllte sich fester in seinen Mantel. Der Sturm tobte, schrie und brüllte weiter. Aber der Mensch zog den Mantel fester und fester um sich.

„Laß es mich versuchen!" bat die Sonne. Sanft und leise legte sie ihr Licht auf den wandernden Menschen und strahlte ihn an. Dem wurde es bald zu warm. Er geriet in Schweiß. Vorsichtig knöpfte er den Mantel auf. Zuerst löste er einen Knopf, dann schließlich alle. Schon bald zog er den Mantel ganz aus und legte ihn über den Arm.

„Siehst du!" sagte die Sonne zum Wind, „was Toben und Brüllen nicht erreichen, gelingt doch durch das weiche, warme Licht! Wer vorsichtig mit dem anderen umgeht, erreicht mehr als der Gewalttätige!"

Nun schwieg der Wind, der lange über das nachdachte, was die Sonne gesagt und getan hatte.

nach Äsop

131 IN DER GRUPPE

Ein weiteres Vier-Ecken-Spiel

1. Prozeß

Die Fabel des Äsop, hier nacherzählt, enthält alle vier Elemente, ihr Zusammenwirken und Zusammenspiel, bzw. ihre Gegensätzlichkeit. Wind und Sonne streiten miteinander. Der Wind hat die Rolle des wüsten, gewalttätigen Gesellen, die Sonne die der sanften, fürsorglichen Begleiterin. Wasser und Erde kommen nur am Rande vor. Der Mensch schwitzt. Er geht auf der Erde, hüllt sich in einen Mantel usw. Wesentlich bleibt das Gegensatzpaar Wind – Sonne!

2. Methode

Die Fabel wird vorgetragen. Jedes Kind sucht sich danach eine Element-Ecke, mit der es sein Leben assoziiert. Die Kinder erzählen sich gegenseitig, in den vier Element-Ecken des leeren Raumes sitzend, warum sie sich zu diesem Element hingezogen fühlen. Sie überlegen, was sie den anderen Elemente sagen möchten. Daraus wird ein Spiel, das den Rahmen der Fabel sprengen kann! Das Wasser z.B. könnte sich mit dem Wind verbünden, die Erde mit der Sonne. Das Spiel wird spontan in der Gesamtgruppe zusammengefügt.

3. Zielgedanke

Sanftmut erreicht mehr als Aggression!

4. Verknüpfung

Die Spielidee ist allen bisher vorgestellten Vier-Ecken-Spielen verwandt: 3, 10, 18, 129.

132 WENN GOTT

Ein anderes Vier-Elemente-Lied

2. Wenn Gott das Wasser gibt,
weil er Leben schenkt, uns liebt,
dann will er, daß wir das Wasser geben
den Durstigen zum Leben!

3. Wenn Gott die Erde gibt,
weil er Nahrung schenkt, uns liebt,
dann tun wir am besten Gottes Willen,
wenn wir den Hunger stillen!

4. Wenn Gott die Luft uns gibt
und Atem schenkt, uns liebt,
dann will er, ja, daß wir atmen können
und andern Atem gönnen!

5. Wenn Gott uns alles gibt,
weil er die Schöpfung liebt,
dann will er, daß wir das Leben finden, –
uns an die Liebe binden!

133 SPIELIDEEN zum Lied

Ein Gestaltungs- und Prozessionslied

Die Chorgruppe ordnet sich in vier Untergruppen je einem Element zu. Jede Gruppe gestaltet während ihres Verses einen Elementvorgang möglichst konkret, bleibt dann stehen oder ordnet sich dem Gesamtchor ein.

– *Feuer:* Eine große Kerze wird entzündet und in einer Prozession von einem Gruppenmitglied getragen, die übrigen entzünden daran kleine Lichter.

– *Wasser:* Gläser mit Wasser werden getragen. Oder: Während des Verses wird aus einem großen Gefäß jedem Mitglied dieser Gruppe in ein Glas Wasser geschöpft.

– *Erde:* Ein Klumpen Ton wird zerteilt und an die Gruppenmitglieder ausgegeben. Oder: Jeder trägt ein Erdelement, einen Stein, einen Klumpen Lehm, eine Tüte Sand usw. sichtbar in einer Prozession vor sich her.

– *Luft:* Diese Gruppe könnte Fähnchen schwenken oder kleine selbstgebastelte Windräder tragen.

Beim letzten Vers treten alle Element-Gruppen zu einer Prozession an, die im Kreise, aber auch durch mehrere Räume und nach draußen führen kann. Das Lied wird mehrfach gesungen. Bei den einzelnen Versen kann

- nur die entsprechende Element-Gruppe singen und dabei ihr Element erheben,
- oder alle singen mit, aber bei der Strophe wird das jeweilige Element erhoben bzw. sonstwie in den Vordergrund gerückt.

Der letzte Vers wird in jedem Fall von allen gemeinsam gesungen. Bei diesem Vers werden die Elemente deutlich einander zugeordnet, z.B. durch gemeinsames Hochhalten.

Ein weiteres Vier-Elemente-Lied findet sich unter 9.

134 WENN

Ein Meditationslied

Jeder Vers wird als *Refrain* wiederholt.

2. Wenn man den Wind in Flügeln fängt,
dann mahlt er Korn zu Schrot.
Wenn man den Teig mit Feuer mengt,
wird aus dem Teig das Brot.

3. Es treibt der Wind das Segelschiff
weit übers hohe Meer.
So kommt der Mensch durch Sturm und Riff
zu Land und Wasser her.

4. So kommt Gott zu uns Menschen nun
als Mensch, trägt unser Bild.
Christus wird Gottes Frieden tun,
sanft, mutig, freundlich, mild.

5. Nicht Hämmer formen Steine glatt,
nur Wasser, zärtlich weich.
Wer teilt, macht alle andern satt
und wird auch selber reich.

6. Wie Gott in Christus zu uns kommt,
sanft, mutig, freundlich mild,
so werde jeder Mensch nun Mensch –
und sei des Christus Bild!

135 SPIELIDEEN zum Lied

Meditationsübungen

Durch Körperübungen werden die Teilnehmer zur Ruhe angeleitet. Die Kinder stehen im Kreis, ruhig auf ihrem Platz, keine Wanderbewegung usw.

Zu jedem Vers gibt es eine ruhige und gemessene Spielbewegung mit den Händen. Zum „Refrain“ berühren sich die Fingerspitzen bei erhobenen Händen leicht: sanfte Schwingungen, kaum Bewegung!

Vers 1: Hände sind erhoben, Handflächen geöffnet. Über die Hände wird der Segen Gottes auf die Erde geleitet. Die Hände senken sich. Das Wachsen des Weines und des Grases wird im Schlußteil leicht angedeutet – Hände wieder nach oben ziehen!

Vers 2: Die beiden Arme zeichnen, vielleicht in Gegenbewegung, Mühlräder in die Luft. Dann formen die Hände den Teig zu Brot.

Vers 3: Mit beiden Händen langsame Windbewegungen von rechts nach links und zurück; zweimal hin und her!

Vers 4: Hände sind erhoben, senken sich herunter, kreuzen sich auf der Brust. Im zweiten Teil suchen wir die Nachbarhände und halten sie einen Augenblick lang fest.

Vers 5: Ruhige Handbewegung, – Abrundung, ähnlich wie beim Brotbacken! Im zweiten Teil werden die Hände ausgeleert, die Handflächen nach außen gekehrt.

Vers 6: Sich im großen Kreis an den Händen halten, wie in Vers 4 im zweiten Teil. Wir schauen dabei unseren Nachbarn rechts und links an. Wenn er uns anschauen soll, geben wir ihm einen kleinen Händedruck.

136 NICHT

Ein Wort eines indischen Weisen

Nicht Hammerhiebe,
sondern der Tanz
des Wassers
runden den Kiesel
zur Schönheit.

Rabindranath Tagore (1861 – 1941)

137 GUTER GOTT, WENN WIR VORSICHTIG SIND

Kanon

138 SELIG SIND

Worte Jesu *(nach Matthäus 5, 3-10)*

Selig sind, die vor Gott und den Menschen
wenig vorweisen können.
Mit ihnen wird Gott sein Reich entwickeln.

Selig sind, die Leid tragen.
Sie sollen getröstet werden.

Selig sind, die zärtlich leben
und ohne Gewalt auskommen.
Die Erde, das Land und die Menschen werden
sich ihnen öffnen.

Selig sind, die Hunger und Durst nach der
Gerechtigkeit haben.
Sie sollen satt werden.

Selig sind die Barmherzigen.
Sie werden selbst Barmherzigkeit finden.

Selig sind, die ein reines Herz haben
und vertrauen.
Sie werden Gott jeden Tag überall begegnen.

Selig sind, die Frieden stiften.
Man wird sie auf dieser streitsüchtigen Erde
als Kinder Gottes ansehen.

Selig sind, die verfolgt werden,
weil sie die Gerechtigkeit lieben.
Für sie, mit ihnen und durch sie wird
das Gottesreich kommen.

139 GEWALTLOSIGKEIT

Gedanken eines großen Zeitgenossen

Ich glaube, daß der Mensch, da ihm nicht gegeben ist, etwas zu erschaffen, nicht das Recht hat, auch nur die kleinste Kreatur, die da lebt, zu zerstören.

Das Vorrecht der Vernichtung gehört einzig und allein dem Schöpfer alles Lebendigen.

Ich nehme gern die Auslegung von Ahimsa (Gewaltlosigkeit) an, derzufolge Ahimsa nicht bloß einen negativen Zustand bedeutet, nämlich Unfähigkeit, Böses zu tun, sondern einen positiven Zustand, das heißt Liebe zu erweisen und Gutes zu tun, sogar dem Missetäter.

Mahatma Gandhi (1869 - 1948)

140 ÜBERWINDET!

Ratschlag eines Apostels

Laßt euch nicht durch das Böse fertigmachen,
noch euch zum Bösen verleiten!
Überwindet das Böse mit dem Guten!

Paulus an die Römer 12,21

141 KONKRETIONEN

Hinweise zur Gestaltung

A) Rückblick auf Methoden

Zur möglichen Aufschlüsselung von Texten in der Gruppe wurden eine Reihe von Vorschlägen gemacht, auf die hier hingewiesen werden soll.

- Die Texte 138, 139 lassen Rollenspielideen zu 16, 35, 113, 125 B, 129 A, laden zu Pantomime-Akten 30, 65, auch 77, 125 oder zu kleinen Szenen 115, 125, 129 B ein.

- Für den Fall, daß gemalt werden soll, stehen Anregungen bereit: 15 A, 15 C, 17, 34 A, 86, 87, 113 A, 125 C, 129 C.

- Eine andere Gestaltungsidee liegt im Formen von Tonfiguren und Tonkacheln: 73 B, 129 D. Dazu können Texte geschrieben und vorgetragen werden.

- Eine weitere Idee ist die Erstellung einer Diaserie zu den Seligpreisungen. Dazu finden sich Arbeitshinweise unter 10 C, 72 B, 113 B, 125 D, 129 E. Gerade die Seligpreisungen reizen zu fotografischen Umsetzungsprozessen, wobei das symbolische Denken gefordert und gefördert wird. Geht sparsam mit den Bildmotiven um – weniger ist mehr! Mit knappen Texten versehen, ergeben die Dias eine eindringliche Meditation.

B) Druckvorgänge – verschiedene Druckmethoden

1. Prozeß

Mit dem Styroporschneider werden Figuren und Symbole ausgeschnitten und mit Farbe bedeckt. Dann wird auf Karton aufgedruckt. Man kann auch Symbole des Nachbarn ausleihen. Übrige Materialien können zum Drucken mitbenutzt werden.

Um eine einheitliche Ästhetik zu erzielen, sind Absprachen über die Größe der auszuschneidenden Formen zu treffen. Je größer und großzügiger, desto besser die Wirkung. Auch die Kartons für die Gruppe in gleichmäßiger Größe wählen!

2. Material, Methode

Materialaufwand wie in 125 C. Der Einsatz von Plakafarben ist teurer, aber auch umweltfreundlicher.

Zusätzlich werden benötigt

- Styroporschneider
- Styropor verschiedener Struktur
- verschiedenstes Material (Holz, Wellpappe, Zweige, Blätter usw.)
- fester, großer Karton, am besten DIN A 1, nicht unter DIN A 2

Auf Styropor kann auch verzichtet werden. Wellpappemodelle werden geschnitten und auf einen anderen festen Karton aufgeklebt. Dazu gesellen sich andere Druckmaterialien, z.B. Blätter, Zweige usw.

3. Zielgedanke

Ziel dieses Arbeitsprozesses ist es, die vorgestellten Inhalte der Texte durch einen gestalterischen Prozeß ganzheitlich aufzuschlüsseln und dadurch zu neuen Assoziationen anzuregen.

4. Verknüpfung

- Zu 138: Wir gestalten ein Bilderbuch zu den Seligpreisungen. In Partnerarbeit oder zu dritt wird je eine Seligpreisung entwickelt. Vorbereitung und Gesprächsmethoden unter 141 A.

- Zu 139, 140: Was fällt euch zu diesen Texten ein? – Gewalt und Gegengewalt in unserer Welt, in unserem Leben! Wo überwinden wir (die Gesellschaft, ich, du) das Böse mit dem Guten?

- Bedruckt zu zweit ein großes Bild, tauscht dazu mit euren Nachbargruppen Materialteile und Gedanken aus! Laßt euch eine Idee des Guten von eurem Nachbarn auf euer Plakat aufdrucken! Hinweise zum Gespräch unter A.

C) Querverweise

Unter 141 A gemachte Arbeitsvorschläge werden ausprobiert, wobei einige Praktiken in die Gestaltungs-, Feier- und Liturgie-Ideen 155 übernommen werden!

142 WENN EINER BEGINNT

Ein Wort eines schwarzen Christen aus Amerika

Wenn einer alleine träumt,
ist es nur ein Traum.
Wenn viele gemeinsam träumen,
ist das der Anfang einer neuen Wirklichkeit!

Martin Luther King (1929 – 1968)

143 MANCHE MENSCHEN SAGEN

Ein Gebet

Manche Menschen sagen:
„Hör auf zu träumen!
Das Leben ist nicht
zum Träumen da!"
Ich vertraue:
Du kennst meine Hoffnungen
und Träume!

Ich bitte:
Mach mein Leben gerecht und gut!
Laß diese Erde zu einem Haus
des Friedens werden!
Schenk allen Menschen
Arbeit, Brot und Leben!

Du bist groß, Gott.
Du wirst helfen.
Segne mich!
Mach mich stark!

Du wirst meine Träume spüren,
meine Hoffnungen hören,
mein Gebet
um Recht und Frieden
wahrmachen.

Du wirst unsere Zukunft segnen.
Amen.

144 ALLE GABEN, DIE WIR HABEN

Ein Danklied

2. Daß wir hohe Häuser wagen,
daß die Brücken Schweres tragen,
daß wir Briefe schreiben können
und uns gern ein Schwätzchen gönnen, –
dafür danken wir!

3. Daß das Schiff sich auf dem Meer wiegt,
daß das Flugzeug hin und her fliegt,
daß wir mit Maschinen leben,
die für uns, was schwer ist, heben, –
dafür danken wir!

4. Weil wir wissen, daß du Gott bist,
der uns unser Leben zumißt,
werden wir die Grenzen kennen
und nicht immer weiter rennen? –
Darum bitten wir!

145

SPIELIDEEN zum Lied

Spielszenen entwickeln

Denkt euch zu jedem Vers eine Spielszene (mit Worten oder ohne) aus! Wie ihr die entwickelt, könnt ihr unter 16, 35, 115, 125 B nachlesen. Nur ein Motiv pro Vers gestalten! Keine Geräte auf die Bühne bringen! Ein Szenenwechsel, bei dem umgeräumt werden muß, ist tödlich!

- Jedes Kind in der Gruppe entscheidet sich für einen Vers, bei dem es mitspielen möchte. Alle spielen mit!
- In den Kleingruppen werden knappe Dialoge und eine Szene bzw. eine stumme Spielszene entwickelt.
- Die Szene/Pantomime soll einen aussagekräftigen, eindeutigen Charakter haben.
- Die einzelnen Szenen werden vor jedem Vers von der jeweiligen Kleingruppe aufgeführt.
- Abschließend wird das Lied von allen Beteiligten noch einmal gemeinsam gesungen. Wir bilden dazu einen großen Kreis.

Einige Tips für die Szenen vor den Versen:

1. Eine Familie beim Essen. Gespräch beim Essen über die gute Mahlzeit. Dank! Erinnerung daran, daß Menschen hungern. Was können wir tun? – Der beste Dank: Wir müssen lernen zu teilen. Aber wie klappt das? Nach dem Essen verabschiedet sich ein Familienmitglied. Es wird mit der Bahn eine Reise unternehmen. Wohin? Die Leute stehen vom Tisch auf und verabschieden sich winkend von dem Aufbrechenden!

2. Nach dem Essen. Familie genießt den Feierabend. Kein Fernsehen, kein Video! Vielleicht ein Telefonat. Dann kommt jemand zu Besuch: „Ich wollte mal grade reinschaun!“ Kinder spielen miteinander. Entspannte Atmosphäre!

3. Die Familie ist aufgebrochen. Sie macht einen Spaziergang im Hafengelände. Berichte und Erzählungen, was man im Hafen alles sieht und erlebt: die Schiffe, Kräne, das Beladen und Entladen der Schiffe, ein- und ausfahrende Dampfer usw.

4. Die Spieler erheben sich, fassen sich an den Händen und singen mit erhobenen Händen. Sie animieren die übrigen Teilnehmer, diesen Lobpreis mitzumachen!

146 VON DEM BROT, VON DEM WEIN

Ein Lied zum Mahl

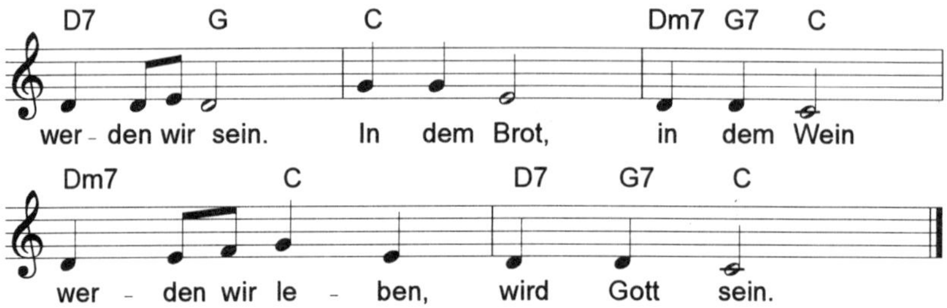

2. Aus der Erde wächst der Wein,
wächst auf Schiefer, Ton und Stein,
wächst, und Regen tröpfelt her,
kommt aus weißem Wolkenmeer.

Sanfte Winde, weht heran,
daß der Wein gedeihen kann!
Und du Sonne, heiße Glut,
mach den Wein uns reif und gut!

147 WAS WIR ESSEN UND TRINKEN

Hinweise zum Lied

Das Lied stellt dar, wie aus dem Zusammenspiel aller vier Elemente Brot und Wein wachsen. Der Refrain beschreibt die Kommunion. Das Lied kann im Rahmen einer Kindermesse gut eingesetzt werden. Sollte dieser Zusammenhang im Augenblick nicht erwünscht sein – etwa bei einer profanen Mahlzeit – wird nur der 1. Teil des Refrains zweimal gesungen.

148 BROT UND WEIN

Aktionsideen

In den beiden Vier-Elemente-Liedern 9, 132 wird das Zusammenspiel der Elemente deutlich akzentuiert. An Werden und Wachsen von Brot und Wein kann ich diesen Gedanken ebenfalls verdeutlichen. Grundlage zu diesen Gedanken kann auch das Lied „Wenn" 134 werden. Noch deutlicher wird dieser Zusammenhang in „In dem Brot, in dem Wein" 146 angesprochen.

Im Brot und Wein wachsen alle vier Elemente zusammen.

Das Korn wächst aus der Erde, wo es ruht und sich aufs Keimen vorbereitet. Der Regen fällt und feuchtet das Land. Ohne Regen wächst nichts. Die Sonne läßt das Korn reifen. Aber ohne den Wind, der die Pollen über die Halme treibt, gäbe es nur taube Ähren. Aus dem Zusammenwirken der Elemente wächst die Frucht. Auch beim Mahlen des Korns und beim Backen des Brotes wirken die Elemente mit: Wind und Feuer! Und das Wasser? – Es wird dem Teig zugemengt. Ohne Wasser gäbe es kein Brot!

Der Weinstock ist ebenso auf die Erde angewiesen. In der Erde ruht das Wurzelwerk des Weinstocks. Die Sonne scheint auf das Blattwerk und entwickelt Nahrung für den Weinstock. Die Trauben werden nicht ohne die Sonne reif. Und das Wasser? – Wenn es keinen Regen gibt, vertrocknen die Weinstöcke. Ohne Wasser gibt's keine Trauben! Ein Windhauch muß die Trauben kühlen, sonst verbrennt die Sonne sie. Auch beim Werden des Weines wirken die Elemente zusammen.

A) Brot im offenen Feuer backen

Das Getreide wird gemahlen. Sicher leihen Eltern ihre eigene Getreidemühle her. So könnt ihr euer Mehl selbst mahlen. Der Teig wird angerührt und tüchtig geknetet. Wird's ein Sauerteig, dem Backhefe beigemengt wird, muß umso besser geknetet werden. Oder benutzt ihr Backpulver? Das ist auch möglich. Den Sauerteig gut durchsäuern lassen!
Für das Herrenmahl benutzen wir Christen grundsätzlich ungesäuertes Brot. Wir knüpfen damit an die jüdische Tradition an. Bevor das Volk Israel aus Ägypten aufbrach, feierte es das Passahmahl, bei dem ein Lamm, ungesäuertes Brot und Bitterkräuter verzehrt werden. Jesus feierte mit seinen Jüngern eine letzte Mahlzeit, das Passah. Sie aßen ungesäuertes Brot, – Brot des Aufbruchs! Niemand hat Zeit, noch lange zu warten.

Und wie backt ihr nun? – Ihr macht im nackten Erdreich eine kleine Feuerhöhle, in der ihr Holz anzündet. Ihr wartet, bis das Holz zur Glut abgebrannt ist. Dann nehmt ihr die Haube eines Römertopfes und legt euren durchgekneteten

Brotlaib darunter. Den Römertopfdeckel mit dem Brotlaib darunter schiebt ihr in die Glut und deckt ihn ganz mit Glut zu. Nach 20 Minuten ist euer Brot gebacken!

B) Traubensaft pressen

Ihr sammelt Trauben und wascht sie gut (faule Trauben aussortieren)! Die Trauben werden in einer Schale kleingeschnitten. Den Schaleninhalt gießt ihr in ein Tuch zum Durchseihen. Etwas drücken dürft ihr, aber nicht pressen! Fertig ist der Saft!
Das Abendmahl feiern wir Christen grundsätzlich mit gegorenem Traubensaft – mit Wein! Es gibt aber Situationen, da gehen Christen von dieser urchristlichen Sitte ab, wenn z.B. Alkoholiker das Abendmahl mitfeiern.

C) Eine Mahlzeit vorbereiten und halten

Wir halten eine Mahlzeit mit Brot und Traubensaft. Raum und Tische werden geschmückt. Wir stellen Kerzen auf den Tisch, auch Blumen. Vielleicht habt ihr vorher selbst Tischtücher bemalt. Wie man das macht, lest ihr in 125 nach.

Brot und Traubensaft stehen auf dem geschmückten Tisch. Vielleicht habt ihr das Brot selbst gebacken, den Traubensaft selbst gepreßt.

Aber nun darf niemand selbst sich etwas nehmen. Jeder bedient den anderen. Jemand erzählt eine Geschichte aus der Bibel, in der eine Mahlzeit vorkommt, zum Beispiel die Geschichte, wie Gott den müden, alten Elia in der Wüste speist (1 Könige 19,4ff), oder wie Jesus den Menschen in der Wüste zu essen gibt (Markus 6, 30-44).

D) Querverweise

Eine erste Mahlzeiten-Idee gab es bereits unter 32, 33. Gedanken von dort können hierher eingebunden werden. Auch das Lied 36 paßt in diesen Zusammenhang, ebenso 144!

149

KOMM, GOTT, KOMM!

Ein Lied in der Gruppe

2. Komm, Gott, komm, befreie deine Erde!
Komm, Gott, komm, daß keiner stiehlt
und rafft!
Komm, Gott, komm, daß Recht für alle werde!
Komm, Gott, komm, der unsre Zukunft
schafft!

3. Komm, Gott, komm, erscheine auf der Erde!
Komm, Gott, komm, daß jeder schützt
und spart!
Komm, Gott, komm, behüte deine Erde!
Komm, Gott, komm, die Schöpfung
sei bewahrt!

1. Strophe wiederholen!

150 SPIELIDEEN zum Lied

Ein Gruppenlied

Zu jedem Vers gibt es eine große und einfache Bewegung, die jeder in einer Gruppe, auch in einer Großgruppe mitmachen kann! Das Lied wird stehend gesungen.

1. Vers: Die Hände sind erhoben, offene Handflächen. Leichtes Hin- und Herschwenken der Arme.

2. Vers: Die Hände senken sich nach unten, zeigen auf die Erde. Wieder leichtes Hin- und Herschwenken. Der ganze Körper ist einbezogen.

3. Vers: Die Hände werden wieder erhoben. Wir suchen rechts und links die Hände des Nachbarn, fassen sie. Hin- und Herschwenken.

Wiederholung von Vers 1: Hände des Nachbarn weiter halten. Deutliches großes Hin- und Herschwenken, u. U. von einer zur anderen Reihe gegenläufig.

151 GROSSER GOTT

Ein Gebet

Großer Gott,
die einen sagen, die Welt sei schlecht,
man könne den Menschen nicht verändern.
Diese Menschen geben auf
und lassen alles beim alten.

Andere wollen überall anpacken
und diese Welt verbessern
– und ändern auch wenig!

Gib mir den klaren Blick,
das Richtige zu tun,
das Falsche zu lassen!

Ich will klein beginnen
und doch das Große
nicht aus den Augen verlieren.

Ich will diesen Tag durchatmen
und doch die Zukunft im Kopf haben.

Hilf mir, aufzubrechen,
durch deine Kraft weiterzugehen
in kleinen und großen Schritten zum Leben.

Schick mir Menschen,
mit denen ich zusammen stark werde
und deinen Weg finde. Amen.

152 ICH WEISS

Gedanken eines indischen Christen

Ich weiß,
daß Blumen,
die beim Morgengrauen welken,
daß Bäche,
die sich in der Wüste verirren,
nicht ganz verloren sind!

Ich weiß,
daß meine unerfüllten Träume,
meine noch nicht gespielten Melodien
noch in deinen Lautensaiten schlummern
und nicht ganz verloren sind!

Rabindranath Tagore (1861 – 1941)

153 ICH HÖRE EIN LIED

Wir singen zusammen mit den Elementen

Refrain: Wir hören ein Lied.
Wir singen es mit.
Wir hören ein Lied.
Das Lied nimmt uns mit!

2. Ich sehe ein Licht.
Das Licht ist mir nah.
Ich sehe das Licht.
Ich wärme mich da!

Refrain: Wir sehen ein Licht.
Das Licht ist uns nah.
Wir sehen ein Licht.
Wir wärmen uns da!

3. Ich atme die Luft.
Ich atme sie ein.
Ich spüre die Luft.
Die Luft ist wie Wein!

Refrain: Wir atmen die Luft.
Wir atmen sie ein.
Wir spüren die Luft.
Die Luft ist wie Wein!

4. Ich fasse die Hand.
Die Hand, sie ist da.
Ich fasse die Hand.
Ich komme dir nah!

Refrain: Wir fassen die Hand.
Die Hand, sie ist da.
Wir fassen die Hand.
Wir kommen uns nah!

5. Strophe wie 1.

154 SPIELIDEE zum Lied

Kreis- oder Gruppenlied

In diesem Lied kommen noch einmal alle Elemente vor. Zu jedem Vers gibt es eine Bewegung, die beschrieben wird.
Wir stehen im Kreis. Beim Refrain fassen wir die Hand des Nachbarn und gehen mit ihm im Kreis. Stehen wir irgendwo fest in einer großen Gruppe, schwenken wir die Hände, die Nachbarhand haltend, auf und ab!
Die Verse werden stets verhalten gesungen, damit wir das Lied nicht übertönen, das Licht nicht ausbrüllen, die Luft nicht verjagen und die Erde und den Nachbarn nicht verschrecken. Die Wiederholung dürfen wir gern aus voller Lunge singen!

Im 1. Vers
stelle ich mir das Rauschen des Meeres vor, das wie ein Lied klingt. Ich lausche diesem Lied – lege meine Hände an die Ohren und singe ganz leise, damit ich das Lied nicht übertöne!

Im 2. Vers
erblicke ich das Licht der Sonne, vielleicht in weiter Ferne. Ich lege meine Hand über die Augen, um nicht geblendet zu werden und das Licht besser sehen zu können.

Im 3. Vers
atme ich die Luft ein. Ich spüre sie und bitte sie mit nach vorn ausgebreiteten Händen, zu mir zu kommen, daß ich sie so richtig anfassen und einatmen kann.

Im 4. Vers
greife ich die Hand des Nachbarn und halte sie fest. Ich denke dabei, daß mein Nachbar und ich zusammen ein Stück Erde sind, ganz mit ihr verbunden. Meine Füße stelle ich fest auf den Boden. Ich vergesse dabei nicht die Nachbarhand.

155 MIT VEREINTEN KRÄFTEN
Gestaltungs-, Feier- und Liturgie-Ideen

Gestaltungs-Ideen

ZÄRTLICH LEBEN – FÜREINANDER LEBEN

1. Einheit
Gott hat uns Feuer, Wasser, Erde, Luft geschenkt. Seine Gaben werden zu Symbolen: wir werden bewahrt, getröstet, unser Leben ist gehalten. Gott ist der Geber aller guten und vollkommenen Gabe (Jakobus 1,17). Das Vier-Elemente-Lied 132 nimmt diesen Zusammenhang auf: ein zärtlicher, fürsorglicher Gott kommt in der Gabe seiner Schöpfung zum Vorschein. Dies wird nicht nur verbal reflektiert; in pantomimischen und tänzerischen Erfahrungen soll es erfühlt und erlebt werden. Wir gestalten das Lied als Ausdruckstanz! Erst nach diesem Bewußtwerden werden die Vorschläge des Bausteins 133 entwickelt.

2. Einheit
Und Kriege und Elend, Unrecht und die Aggressionen in der Welt? – Wir sollen nicht verdrängen! Unrecht, Hunger und Elend bleiben trotz der Aussagen unseres Liedes 132. Aber Zärtlichkeit und Umsicht, Versöhnung und Geschwisterlichkeit sind trotzdem bessere Erfahrungen als Angst, Gewalt und Vergeltung!
Die Fabel des Äsop 130 demonstriert: Sanftmut erreicht mehr als Aggression. Die Anregungen zur Gestaltung dieser Fabel 131 werden aufgenommen. Dabei kommt es zu einem Spiel, das Aggressionsentwicklungen in der Gruppe Raum gibt, – wie Wind und Sonne miteinander im Streit sind. Im Spiel werden so auch Spannungen innerhalb der Gruppe aufgedeckt. Wie gehen wir mit unseren unterschwelligen Aggressionen um? Ausführliches Gespräch im Anschluß an das Spiel!

3. Einheit
Aus den Bruder-Schwester-Aktionen 129 zum Sonnengesang des Franz von Assisi 128 wird der gemalten Meditation 129 C der Vorzug gegeben. Ein Rundgespräch mit deutlicher Einzelbesprechung jedes Bildwerkes wird nach dem Malen notwendig: Der Gruppenraum wird mit den gemalten Bildern ausgestaltet – Gespräch in der Gruppe – Singen und Spielen des Liedes 132.

4. Einheit
Geschwisterlichkeit hat ihren tiefen Ausdruck in gemeinsamem Essen und Trinken. Die vorgestellten Erfahrungen 148 A-D werden in der Gruppe ausprobiert: Brot backen, Saft pressen, Tisch decken, eine kleine gemeinsame Tischliturgie halten, Lieder singen, eine Mahlzeit halten! Die Mahlzeit kann festlich ausgeschmückt werden, auch mit Liedern. Das Lied 132 wird wiederholt. Weiteres Liedgut in 134, evtl. mit den Meditationsübungen 135, die Lieder 137, 146 in Auswahl! Als Gebetstexte bieten sich der Sonnengesang 128 sowie das Gebet 'Du großer Gott' 127 an.

Zielgedanke
Gott hat uns Menschen zu Geschwistern gemacht. Wir sind auch Geschwister der Naturgewalten, der Elemente, Geschwister aller Tiere und Pflanzen. Geschwister sind Partner, mit denen ich fürsorglich und freundlich umgehen soll. In einer gemeinsamen Mahlzeit und anderen ganzheitlichen Erfahrungen möchten wir diese Geschwisterlichkeit leben: alle Wesen sind aufeinander angewiesen – und sollen füreinander dasein!

Feier- und Liturgie-Ideen

GOTT SCHENKT GESCHWISTER

Feierideen zur Geschwisterlichkeit von Mensch und Natur

1. Einstimmung
Eine biblische Grundeinsicht wird weitergeführt: Die Elemente sind nicht Göttern gleich, sind keine selbständigen Wesen. Sie bleiben von Gott, dem Schöpfer, abhängig, wie der Mensch und alle übrigen Wesen! Das Lied 124 verdeutlicht dies. Gott ist in und mit seiner Schöpfung lebendig: 126, 127. Durch Christus wird die Welt mit Gott versöhnt, erhalten die Elemente und alle Geschöpfe einen neuen Stand: sie werden zu Geschwistern der Menschen: 128, 129. Mit Geschwistern geht man allerdings anders um, als wir es heutzutage mit der Schöpfung tun! Das Liedmaterial 132, 134, 137 versinnbildlicht, vertieft und verbindet.

2. Entfaltung
In einer Feier in einer überschaubaren Gruppe kann eine Gestaltungsidee in den Mittelpunkt rücken. Der Arbeitsprozeß wird höchstens im Rahmen einer längerfristigen Tagung in die Feier übernommen 125 C, 129 A-D.

Die Spielelemente zu den Liedern 132, 134 werden im Gottesdienst ausgeführt: 133, 135.

Dabei können die Bausteine 124, 125 oder 128, 129 entfaltet werden. Entscheidet euch eindeutig für nur einen Baustein - und bei diesem für eine der beschriebenen Methoden!

Im ersten Text 124 werden Geschöpf und Schöpfer in Beziehung gesetzt, wobei der

Schöpfungsanspruch Gottes, aber auch seine liebende Fürsorge herausgestellt werden. Im zweiten Text 128 wird die Geschwisterlichkeit der Schöpfung betont.

Bei einem Gottesdienst in der Gemeinde werden nur die fertigen Gruppenergebnisse in die Liturgie einbezogen. Das Gebet 127 schließt den Darstellungsteil ab. Auch hier gibt es eindrucksvolle Möglichkeiten einer spannenden Entfaltung. Langatmigkeit muß vermieden, Methodenwechsel soll eingeplant werden! Unter 125 wurden didaktische Anregungen gegeben.

In beiden Gestaltungsentwürfen können Fürbitten, u.U. als Lichtermeditation 40 oder als in der Gruppe gestaltetes Gebet den Gottesdienst abschließen. Der Kanon 137 gliedert die Fürbitte.

3. Zielgedanke

Geschwisterlichkeit ist mehr als ein Schlagwort. Geschwisterliches Denken wertet den Mitmenschen, die Tiere und Pflanzen, die ganze Schöpfung auf: Gott hat alles Leben und Sein zu unseren Geschwistern gemacht, mit denen wir fürsorglich und liebevoll umgehen sollen!

4. Aufbau

Mit den hier gewählten Bausteinen wird der Schwerpunkt 'Geschwisterlichkeit' intendiert.

- Lied 124, gestaltet als Pantomime-Kreislied 125 A
- Spielideen zum Lied, Malaktion 125 C, eingeleitet durch 126
- Gespräch über das Gemalte
- Gemeinsames Gebet 127.
- Sonnengesang des Franz von Assisi 128
- Eine der Bruder- und Schwester-Aktionen 129
- Lied 134, gestaltet mit Spielideen 135
- Anrede, Zusammenfassung
- Guter Gott, wenn wir vorsichtig sind 137
- Fürbitten, durch den Kanon gegliedert
- Vaterunser
- Lied 132, gestaltet als Prozessionslied 133
- Segen

WAS FÜR EIN GOTT, WAS FÜR MENSCHEN – WAS FÜR MENSCHEN, WAS FÜR EIN GOTT!

Vom Gottes- und Menschenbild der Kinder und Erwachsenen

1. Einstimmung

Die Thematik des Gottes- und Menschenbildes, bereits in einigen Modellen vorgestellt 7, 9, 18, wird weitergeführt: Der eine barmherzige, liebende Gott kommt mit neuen Erfahrungen zu uns, die bei uns Fuß fassen möchten. So ist Gott, so können Menschen leben! Wie denke und fühle ich, wie Gott sein könnte?

2. Entfaltung

Das Liedgut mit den entsprechenden Spielelementen verbindet 132, 133, 134, 135, 137. Es muß entschieden werden, welche Gestaltungsideen direkt in den Gottesdienst übernommen, welche als vorbereitetes Material verwendet werden. Auf jeden Fall sollen die Seligpreisungen 138, u.U. ergänzt durch die Fabel des Äsop 130, 131 und das Gandhi-Wort 136, die theologische Mitte des Gottesdienstes bilden. Gestalterisch gilt es sich zu beschränken, z.B. auf eine selbstentwickelte Szene aus der Fabel 130, 131.

3. Zielgedanke

Im Zusammenspiel der Elemente wird der Gedanke der Sanftmut Gottes und der Menschen symbolisiert – Zärtlichkeit, Fürsorge, gegenseitige Hilfe und Gewaltfreiheit 130, 138, 139 stehen dafür ein, das Böse mit dem Guten zu überwinden 140. Dabei wird Gewaltfreiheit nicht vom Menschen erdacht – sondern ist schon immer Gottes Weg mit uns.

4. Aufbau

- Lied 132, gestaltet als Prozessionslied 133
- Selig sind, Worte des Jesus von Nazareth 138, vorgetragen und gestaltet 141 A oder 141 B
- Kanon 137
- Fabel des Äsop 130
- in kleinerer Gruppe mit viel Zeit Anregungen zur Weiterarbeit 131
- Meditationslied 134 mit Spielideen 135
- Worte der Gewaltlosigkeit von Rabindranath Tagore 136, Mahatma Gandhi 139 und Paulus 149
- Zusammenfassung
- Kanon 137
- Stille, Gebet, Fürbitte, als Gestaltungselement 137
- Vaterunser, Segen
- Lied 132

ICH HÖRE EIN LIED

Eine Feieridee

1. Einstimmung

Gott bleibt der Geber aller guten und vollkommenen Gabe, der zu uns kommt und uns zum Guten verändert: 149, 150. Ein Gebet 151 sowie ein Lied der Hoffnung 153, 154 erweitern diese Aussicht, wobei mit Dietrich Bonhoeffer deutlich bleiben muß: „Nicht alle unsere Erwartungen, aber alle seine Verheißungen erfüllt Gott“: 152.

Überall, wo wir den Segen der Technik nutzen, schleicht sich heimlich oder öffentlich auch Schaden ein, – Umwelt wird zerstört, Kriege werden vorbereitet und geführt. Je besser die Technik, desto größer sind die Gefahren der Vernichtung! Dennoch: Was uns als Technik dient, ist Gottes gute Gabe, auch wenn wir Menschen sie häufig mißbrauchen! Ein vorsichtiger, verantwortlicher Umgang ist angesagt. Der Kanon 137 kann sich als Leitmotiv durch die Feier ziehen und zugleich zur Hoffnung wie zum schützenden, bewahrenden Handeln aufrufen.

2. Entfaltung

Einstieg mit dem Lied 149, gestaltet nach den Spielideen aus 150. Im ersten Teil möchten wir unsere Sehnsucht nach Menschlichkeit neu entdecken: „Wir Menschen dürfen hoffen, träumen und für eine bessere Wirklichkeit kämpfen! Gott soll, wird kommen, um alles zu verändern!“
Das Wort Martin Luther Kings 142 wird aufgenommen. Der Einwand wird konkretisiert: „Es gibt so viele schlimme Dinge und Erfahrungen auf der Erde – was können wir schon ausrichten?“ Vorhergehende Kapitel bieten eine Fülle von Stoff dazu. Dieser Spiegel unserer Erfahrungen mündet dennoch in das Hoffnungsgebet 143 ein: Es gibt gute und schöne Möglichkeiten in meinem Leben!

Dabei können wir auf das, was wir wissen, haben und gebrauchen, guten Gewissens zurückgreifen. Das Lied 144 und die dazugehörigen Spielideen 145 versinnbildlichen diese Zusammenhänge und bilden die optische und akustische Mitte. Nicht Technikfeindlichkeit bringt uns weiter, wohl aber ein sinnvoller, verantwortungsbewußter Umgang. Der Dank an den Schöpfer für diese Gaben wird nun zum Thema!

Das Lied 153, gestaltet mit den Spielideen 154, bildet den Schwerpunkt im Abschlußteil. Eine Schlußmeditation, die in der Vorbereitungsgruppe entstehen kann, entwickelt sich zum Gebetstext von Tagore 152, den die Gemeinde wiederholend betet. Bonhoeffers Gedanke (s.o.) darf einbezogen werden. Das Gebet 151 kann von allen zum Ende dieser Abschlußphase gesprochen werden.

3. Zielgedanke
Unsere echte, oft verdeckte Sehnsucht konkretisiert sich nicht in konsumorientierten Wünschen, sondern in Gottes Verheißung von Frieden, Gerechtigkeit und einer bewahrten Schöpfung. Hier liegt der schwierigste, persönlichste Teil der Vorbereitung – und die Mitte des Gottesdienstes! Daraus folgend werden wir zum dankbaren, fürsorglichen Leben und zur vorsichtigen Nutzung der Schöpfung angeleitet. Die Technik zu gebrauchen, für sie zu danken und zugleich vorsichtig mit dem Menschen und der Schöpfung umzugehen, – das sollten für Christen keine Gegensätze sein!

4. Aufbau
- Lied 149, gestaltet mit den Spielideen 150
- Wort M. L. Kings 142
- Texte I aus der Gruppe – oder Gespräch in der Gruppe; Stichwort: „Ich habe keine Hoffnung mehr!“
- Gebet für alle 143
- Lied 144, evtl. gestaltet mit Spielideen aus 145
- Ansprache: „Nicht alle unsere Wünsche, aber alle seine Verheißungen erfüllt Gott!“ (D. Bonhoeffer)
- Texte II aus der Gruppe – oder Gespräch in der Gruppe, Stichwort: „Bewahrt die Schöpfung durch Verzicht und vorsichtigen, verantwortlichen Umgang!“
- Kanon 137
- Stille
- Fürbitte, aus der Gruppe gestaltet. Die Gebetsteile werden durch einen gemeinsamen Sprechtext verbunden 152. Die Fürbitte schließt mit
- Gebet für Sprecher oder alle 151
- Lied 153, mit den Spielideen 154.
- Vaterunser. Segen

IN DEM BROT, IN DEM WEIN

Kindermesse

1. Einstieg
In der Bibel ist eine Mahlzeit ein Zeichen von Gottes Schalom. Menschen essen und trinken miteinander – so wird Frieden gestiftet. Die religiösen Mahlzeiten der Bibel, Passah und Abendmahl, sind in der Kirche des Alten und des Neuen Bundes gewachsen. Doch ist auch jede profane Mahlzeit Zeichen der Gegenwart Gottes. Einige Bausteine 146, 147, 148, 149, 150, 151, 152, 153, 154 ergeben einen Gottesdienst, der als Eucharistiefeier für Kinder gefeiert werden kann. Andere entwickeln eine biblisch orientierte, jedoch profane Mahlzeit. Der Gottesdienst kann in einem Kirchenraum mit der

Gemeinde, aber auch in jedem Gruppenraum gefeiert werden.

2. Entfaltung

Für den Fall einer Kindermesse kennzeichnen die Bausteine 146, 147, 148 den Abendmahlszugang. Aus dem Zusammenspiel der vier Elemente wachsen Brot und Wein. Dieses Werden und Wachsen zu Brot und Wein wird in der Mahlzeit anschaulich gemacht.

So kann mit den vier Elementen schon vor Beginn des Gottesdienstes der Altar geschmückt werden. In einer Prozession zum Lied 149 werden die vier Elemente Feuer – Wasser – Erde – Luft in den Raum getragen 150, um sich mit den zwei Elementen Brot und Wein zu vereinigen. In diesem Fall werden die Symbole für die vier Elemente im Altarbereich gruppiert und Brot und Wein zugeordnet.

In einer Meditation, in einem Gebet oder auch in einer kleinen Erklärung werden die Zusammenhänge aus 147, 148, wie sie das Lied 146 charakterisiert, dargestellt. U.U. haben Kinder selbst Brot gebacken und Saft gepreßt 148 A und B und sich so auf die Feier eingestimmt. Das soll dann zu Beginn erklärt und dargestellt werden.

Ideen aus 148, 147 bzw. das Lied 146 können zu einem Wechselgebet von Sprecher und Gemeinde umgeformt werden, etwa so:

Du Gott, hast uns diese Erde geschenkt! Wir danken dir!

Regen fällt und befeuchtet den Boden. Wir danken dir!

In der Erde wächst das Korn! Wir danken dir!

Aus dem Korn wird ein neuer, schöner Halm! Wir danken dir!

Die Wärme der Sonne läßt die Halme reifen! Wir danken dir!

Der Wind weht über das Feld und bestäubt die Ähren! Wir danken dir! Usw.

Das Lied 146 führt dann weiter bzw. bündelt diese Erfahrungen. In der Schlußliturgie kann das Lied 153 mit dem Spielelement 154 verwendet werden.

3. Zielgedanke

In Brot und Wein kommt Gott ganz zu uns. Wie uns die vier Elemente täglich umgeben und dazu helfen, daß Brot und Wein wachsen und werden, so ist Gott täglich da. Er wird in Brot und Wein des Altars sichtbar, hörbar und schmeckbar, er stärkt uns und läßt uns täglich auferstehen zu neuem Leben.

4. Aufbau

- Lied 149, mit den Spielideen 150
- Bericht von der Vorbereitung der Mahlzeit bzw. Mahlfeier analog 147, 148 A und B
- Lied 146

– Wechselgebet zwischen Sprecher und Gemeinde. Aktionsideen 148, 147 bzw. das Lied 146 geben dafür den Hintergrund ab, siehe 'Entfaltung'! Die Inhalte des Liedes werden bewußt noch einmal als Gebet aufgenommen.
– Besinnung: In Brot und Wein ist Gott für uns da!
– Lied 146; Hinweise 147
– Mahlfeier
– Lied 153
– Fürbitte,
gemeinsam gesprochener Zwischentext 152
– Gebet für alle 150
– Segen
– Lied 153 mit den Spielideen 154

WAS WIR ESSEN UND TRINKEN

Mahlzeitenfeier

1. Einstieg
Der Gottesdienst gehört in eine kleine, überschaubare Gruppe. Die vorbereitenden Arbeiten zur Gestaltung der Mahlzeit 148 gehören wesentlich zum „Gottesdienst" dazu. Sie sind nicht einfach Vorbereitung, sondern bereits Teil der Feier. Eine solche Erfahrung machen Kinder am besten im Rahmen einer „Tagung" mit Übernachtung. Doch läßt auch der Alltag der Schule und des Kindergartens eine ganzheitliche Gestaltung zu.

2. Entfaltung
Texte und Bausteine wie im obigen Entwurf. Die Mahlzeit selbst ist Mittelpunkt und wird nach den Vorschlägen von 148 durchgeführt. Hoffnungslieder, -ideen und -gebete schließen ab: 151, 152, 153, 154. Grundgedanke: Brot und Saft versinnbildlichen alle Elemente und damit die ganze Schöpfung! Die Lieder 132, 149 und die Spielelemente 133, 150 weisen darauf hin. Das Lied 146, 147 stimmt in den Zusammenhang ein.

Die Mahlzeitenfeier enthält keine Meßliturgie und muß auf die Einsetzungsworte verzichten. Der Mahlzeitcharakter, der dennoch einen feierlichen Rahmen gewinnen darf, wird herausgestellt.

Es gibt unter 32, 33, 34, 35, 36 weitere Mahlzeiten-Ideen, die ebenfalls eingesetzt und genutzt werden können.

3. Zielvorstellung
Brot und Wein versinnbildlichen die ganze Schöpfung. Sie sind Gottes Gabe und offenbaren zugleich den Geber aller Gaben. Sie bilden so ganzheitlich Gott – Schöpfung – Mensch in ihrem unauflöslichen Zusammenhang ab. Schuld wird vergeben. Wir werden getröstet und ermutigt, das Gute zu tun. In jeder Mahlzeit kommt Gott zu uns und segnet uns.

4. Aufbau
– Lied 132 mit den Spielideen 133
– Begrüßung, Tischdecken
– Brot und Wein – Aktionsideen 148 A-C. Diese Vorbereitungen nehmen einen ganzen Tag in Anspruch. Am Abend dieses Tages soll die Mahlzeit gehalten werden.
– Bericht von der Vorbereitung (Kinder)
– Lied 146, 147
– Was Essen und Trinken in der Bibel bedeuten, Tischrede
– Mahlzeit
– Gebet der Gruppe, in das 152 und 151 eingewoben sind
– Lied 153 mit den Spielideen 154
– Segen

METHODENFAHRPLAN - QUERVERWEISE

Die in Klammern gestellten Nummern bezeichnen den Baustein, der Spielvorschläge zu einem vorhergehenden Baustein macht. Einige Bausteine erscheinen in mehreren Rubriken.

Aktionen, Kontakte, Besuche, Untersuchungen
Hier werden Bausteine gesammelt, die aus den Überlegungen und Beobachtungen der Kinder zu Aktionen, z.B. in der Öffentlichkeit, zu Besuchen bei zuständigen Behörden usw. führen. Dabei spielen die vorhergegangenen Untersuchungen der Kinder eine wichtige Rolle – die Kinder haben Einsichten aus ihrem Erleben und aus Untersuchungen gewonnen und treten nun in den Dialog mit anderen Menschen ein. Siehe auch „Spiel- und Werkideen"
24, 51, 54, 56, 57, 58, 79, 80, 93, 105, 107, 111, 148 A - D

Beobachtungen
Siehe „Informationen ..."

Besuche
Siehe „Aktionen, Kontakte ..."

Bibelstellen
Diese Bausteinsammlung nimmt Erzähltexte der Bibel, einzelne Bibelworte sowie Psalmen zusammen.
4 (Psalm 29,1-11), 7 (1 Könige 19,4-14), 13 (Genesis 8,22), 19 (Psalm 19,1-7), 38 (Exodus 3,1-14; Johannes 8,12; Epheser 3,14; Matthäus 5,14), 42 (Exodus 17,3-7), 46 (Genesis 1,1-12), 67 (Johannes 13,14), 78 (Genesis 2,4a-10.14-17), 84 (Psalm 24,1-2), 89 (Apostelgeschichte 5,30), 116 (Apostelgeschichte 2,1-7.11-13), 117 (Ezechiel 37, 12 - 14), 121 (Sacharja 4, 6), 138 (Matthäus 5, 3 - 12), 140 (Römer 8, 21)

Collage-Spiel
Aus einer Zeitung werden Bildmotive herausgerissen/geschnitten und auf großen Bögen zusammengefügt. Interpretation und Gespräch zu den Bildern in Collagebildern in der Gruppe. Siehe auch „Wandzeitung gestalten"
90

Dia-Arbeit
Auf die verschiedenste Weise wird zu verschiedenen Themen mit selbstgefertigten und selbstgemalten Dias gearbeitet.
10 C, 34 B, 113 B, 125 D, 129 E

Druckvorgänge
Mit verschiedenen Materialien drucken
141 B

Erzählen und Gestalten
Wie man das Erzählen lernen kann, wird kurz beschrieben. Es folgen Vorschläge zur Gestaltung und zum Spielen einer Erzählung in und mit der Gruppe.
8 A, 122
Siehe auch „Vorlese- und Erzählgeschichten"

Erzählgeschichten
Siehe „Vorlese- und Erzählgeschichten"

Feierideen
Siehe „Liturgie- und Feier-Ideen"

Fühlideen, Fühlkino
Anregungen, das jeweilige Element zu erfühlen, zu ertasten, - über die Sinne sich dem Element nähern
3 A, 27, 49, 73 A, 102

Gebete, Meditationen
Texte für die Gruppe oder einzelne. Die Gebete bzw. Meditationen beziehen sich auf das jeweilige Themengebiet.
20, 25, 33, 37, 68, 83, 94, 97, 112, 114, 127, 143, 151

Gesprächseinstiege zu Texten
Es wird vorgestellt, wie ich mit der Gruppe in einen Text hineinkomme, um ihn aufzuschlüsseln, um an seine Inhalte zu gelangen, Gesprächseinstiege und Gestaltungen
18, 81, 113, 115, 129D, 131

Pantomime
Einen Text, ein Lied durch eine oder mehrere Personen gestalten. Die stumme Darstellung interpretiert und ergänzt das verbale und musikalische Geschehen. Siehe auch „Lieder – Aktion – Szenen"
30, 31 B, 65, 70, 77, 109 B, 125, 145

Rollenspiel
Siehe auch „Vier-Ecken-Spiel"! In diesen Bausteinen werden Rollenspielmethoden genutzt und vorgestellt, mit denen wir in der Gruppe einen Sachverhalt spielerisch umschreiben und uns so seiner Wahrheit nähern. Siehe auch „Szenenentwicklungen in der Gruppe"
16, 35, 113, 115, 125 B, 129 A

Singspiel
Einen Singspielvorschlag gibt's, der ausführlich beschrieben wird. Andere, aus anderen Bausteinen selbstentwickelte Szenen bzw. Singspiele können hinzutreten! Bei einem Singspiel kommen viele Gestaltungsmöglichkeiten zusammen. Siehe auch „Lieder – Aktion – Szenen" und „Lieder spielen und tanzen"
30, 31 A

Spiel auf dem Overheadprojektor
Einige Methoden, einen Erzähltext oder ein Gedicht beim Erzählen zu visualisieren
122

Spiel und Sport
Spiele draußen, sportiver Charakter, Spiele ohne Sieger
26, 48, 50

Spiel- und Werkideen
Spiele, die aus dem Ungang mit den vier Elementen erwachsen und das jeweilige Element durch ein Tun, eine Erfahrung mit diesem Element aufschließen. Siehe auch „Informationen"
6 B, 15 B, 28, 50, 51, 54, 72 B, 77, 79, 80, 81, 103, 104

Sprechtext – Szene – Gestaltung
Ein Gedicht, eine Geschichte durch die Gruppe oder einzelne in der Gruppe entwickeln lassen. Das Erzählen wird durch das Spielen unterstützt. Der Text wird durch eine Szene entwickelt. Siehe auch „Vier-Ecken-Spiel", „Szenenentwicklungen in der Gruppe" sowie „Erzählen und Gestalten"
2, 85, 124, 125 B, 128

Szenenentwicklungen in der Gruppe
Möglichkeiten, einen Text in der Gruppe aufzuschließen und in eine Szene usw. zu überführen! Siehe auch „Vier-Ecken-Spiel" und „Sprechtext – Szene – Gestaltung" sowie „Lieder – Aktionen – Szenen"
16, 35, 65, 75, 108 (109), 113 A, 115, 124 (125B), 128 (129B), 144 (145)

Ton, aus Ton etwas formen
Aus Tonerde eine Kachel, eine Figur formen. Gespräch in der Gruppe
73 B, 129 D

Ton, mit verschiedenen Materialien eine Musik erzeugen
Ein Klangbild aus und auf verschiedenen Materialien erzeugen. Spontan dieses Klangbild aufführen, auch zu einem erzählten Text. Darüber reden! Siehe auch „Erzählen und Gestalten"
Möglichkeiten zu allen Liedern, die im Lieder-Kanon enthalten sind

Toni Tunichgut-Lieder
Zu jedem Element gibt's ein Toni-Tunichgut-Lied, das sich auf eine burleske Weise dem, was Toni Tunichgut erlebt, nähert. Möglichkeiten als Tanzpantomine, als szenische Gestaltung, als Singspiel, Moritat usw.
30 (31), 64 (65), 76 (77), 110 (111)

Überlegungen
Siehe „Informationen ..."

Untersuchungen
Siehe „Aktionen, Kontakte ..."

Vier-Ecken-Spiel
Einen Text, eine Denkaufgabe, eine eigene Erfahrung, eine Szene aus einer der vier Ecken des Raumes gestalten. Die Teilnehmer wählen ihre Ecke selbst. Die Aufgabe wird in der Kleingruppe gelöst und der Großgruppe vorgestellt. Gespräch
3 B, 10 B, 16, 72 A, 129 A, 131

Vorlese- und Erzählgeschichten
Eine Sammlung von Geschichten, die vorgelesen oder erzählt werden können. Siehe auch „Erzählen und Gestalten" und „Bibelstellen"
29, 45, 63, 88, 130

Wandzeitung gestalten
Zu einem Thema oder einer Geschichte eine Wandzeitung gestalten. Siehe auch „Collage-Spiel"
12 B

Worte von Menschen aus der Kirche und Gesellschaft
Einzelworte, die durch ihre Pointe, ihr Bild die Situation des Menschen erhellen und zum Weiterdenken anregen
39, 60, 61, 62, 94, 95, 96, 98, 126, 136, 137, 139, 142

ARBEITSHINWEISE

1. Die Materialien sind als Bausteine gegliedert. In vielen Vermerken wird auf einzelne Bausteine verwiesen. Die Bausteinnummern erscheinen dabei in Rasterfeldern, z.B. 23.

2. Das ausführliche Inhaltsverzeichnis enthält alle Bausteinnummern.

3. Manche Bausteine sind mit Untergliederungen versehen, z.B. 34 A - D. Diese Untergliederung begründet sich in der inhaltlichen oder auch methodisch-formalen Nähe der hier gemachten Vorschläge zueinander.

4. In sechs großen Kapiteln entwickelt sich das Thema: WIR VIER ZUSAMMEN / FEUER / WASSER / ERDE / WIND / MIT VEREINTEN KRÄFTEN. Durch die Erweiterung um zwei Kapitel zu den Kapiteln über die Elemente werden wichtige Zusammenhänge deutlicher entwickelt. Das Buch will auch ein persönliches Lesebuch für ErieherInnen und PädagogInnen sein. Deswegen sind die Bausteine in einer lockeren Reihenfolge, die Inhalte mehr und mehr aufschließt, fortlaufend aneinandergereiht.

5. In allen Kapiteln werden die Elemente, die zunächst in ihren natürlichen Dimensionen gesehen und vorgestellt werden, zu Bildern und Symbolen göttlicher Botschaft an die Menschen. In Verzahnungen der sachkundlichen Themen zur biblischen Geschichte und zur christlichen Ethik wird dies deutlich.

6. Am Ende eines jeden Kapitels werden Gestaltungs-, Feier- und Liturgie-Ideen mit Entwürfen zu Gottesdiensten und Feiern im Kindergarten, in der Schule und in der Gemeinde vorgestellt: 18, 41, 70, 99, 123, 155. Diese Entwürfe müssen selbständig ausprobiert, weiterentwickelt bzw. reduziert werden.

7. Die Gestaltungs-Ideen im letzten Baustein zu jedem Kapitel möchten eine Grundidee dieses Buches aufnehmen und in einer Spiel- oder Unterrichtsreihe verdeutlichen: In der Zusammenschau von Naturerfahrungen und geistlichen Bildern wird Offenbarung anschaulich. Glaube und Welt, Himmel und Erde, Gott und Mensch gehören zusammen. Die Gestaltungsreihen sind nur Vorschläge und müssen selbständig erprobt und angewendet werden.

8. Bei der Beschreibung der Bausteine, der Gestaltungsreihen und Feier- und Liturgie-Ideen wurde auf Alters- und Zeitangaben verzichtet, dies aus Erfahrungsgründen. Dennoch müssen, z.B. im Rahmen einer Schulstunde oder Kindergartenspieleinheit, feste Zeitvereinbarungen getroffen werden. Hier ist die eigene pädagogische Verantwortung und Praxiserfahrung gefordert!

9. Dem Buch ist ein Lieder-Kanon, ein Methodenfahrplan mit Verweisen auf die verschiedenen, miteinander verwandten Spiel- und Gestaltungsmethoden beigegeben, ebenso ein Plan Werkmethode & Element; dies zur besseren Handhabung!

WERKMETHODE & ELEMENT

LIED - Lied
SPIL - Spielidee zum Lied
SACH - Sachtext
BIBL - Bibeltext
GEW - Gebet, Wort eines einzelnen

ERZ - Erzählung
AKT - Aktion drinnen und draußen
SPIA - Spielaktion
MGS - Malen, Gestalten
SZEN - Szene, Rollenspiel

	LIED	SPIL	SACH	BIBL	GEW	ERZ	AKT	SPIA	MGS	SZEN
WIR VIER						2		3A		3B
ZUSAMMEN					4					
	5	6A					6B			
				7				8A, 8B		
	9	10A					10B		10C	
	11	12A						12B		
	14			13			15D	15B	15A,B	16
									17	
FEUER	21			19	20		22			
			23,24		25		26A,B			
						29	27	28		
	30	31A			33			32	34A,B	31B
										35
	36			38	37,39			40		
WASSER				42						
	43	44		46		45				
	47							48,49		
	52	53	51					50,54		
			56,57							
	59	59	56		61,62	63				
	64	65								
				66,67	68					
	69									

	LIED	SPIL	SACH	BIBL	GEW	ERZ	AKT	SPIA	MGS	SZEN
ERDE	71	71A						71B,C		
								73A	73B	
	74	74A						74B		75
	76	77	82	78	81				79,80	
				84	83			81		
						85			86,87	86
	91	92	93	89	94	88		90		
				97	95,96					
					98					
WIND	100	101	102				105	103		
								104		
	108	109	106							
			107							
	110	111			112				113	
					114					115
				116						
				117						
	118		120							
			121						122	
MIT	124	125A			126				125C	125B
VEREINTEN									125D	
KRÄFTEN					127	128		129A	129C	129B
								129F	129D	
						130		131	129E	
	132	133								
	134	135			136					
	137			138	139				141B	
					140					
					142					
	144	145			143					
	146		147				148			
	149	150			151					
					152					
	153	154								

DIE MUSICASSETTE ZUM BUCH:

Feuer - Erde - Wasser - Luft

Alle Lieder des Buches sind auf dieser MC eingespielt und von Kindern gesungen worden. Laufzeit ca. 45 Min.

Text: Dieter Stork
Musik: Reinhard Horn

Cassette und Buch sind zu beziehen über den Buchhandel.

Auslieferung durch
KONTAKTE Musikverlag Ute Horn
4780 Lippstadt
(Bestell-Nr. Cassette: MC KON 410-2
Bestell-Nr. Buch: 695-6)

DBV
DON BOSCO VERLAG

oder durch
DON BOSCO VERLAG
8000 München 80
(Bestell-Nr. Cassette: 923-8
Bestell-Nr. Buch: ISBN 3-7698-0695-6)